Adrian Reynolds
Selig schlafen

W0189347

www.fontis-verlag.com

«Dies ist ein Traum von einem Buch! Es ist eine leichte, kurze Lektüre über etwas, das ich liebe und womit ich gerne zehn Stunden am Tag verbringen würde, wenn ich könnte – das Schlafen. Lesen Sie und entdecken Sie, wie Sie Gott in Ihren Ruhestunden die Ehre geben können.»

Krish Kandiah
Geschäftsführender Direktor der Evangelischen Allianz Großbritanniens, London

«Diese biblisch fundierte und angenehm persönliche Auseinandersetzung mit einem Thema, das jeden Menschen zentral angeht, ist eine höchst erfreuliche Entdeckung. Adrian Reynolds hat die thematischen Fäden der Bibel hinsichtlich des Schlafs auf eine Weise verwoben, die sowohl lehrreich ist als auch Dankbarkeit gegenüber Gott weckt, der unser Leben so fürsorglich geordnet hat.»

Kathleen B. Nielson
Direktorin für Fraueninitiativen bei der Gospel Coalition

«Zum Schlaf haben wir die verschiedensten Einstellungen. Ist er nur ein lästiges Hindernis, das mich davon abhält, in meinem viel beschäftigten Leben mehr zu bewältigen? Etwas, wovon wir mit stolzgeschwellter Brust behaupten, darauf verzichten zu können? Oder ein Götze, dem Verehrung gebührt? Etwas, das uns mit Sorge erfüllt, weil wir es immerzu suchen und nicht finden? Und interessiert sich Gott überhaupt dafür? In Wirklichkeit zeigt sich an unserer Haltung zu diesem erheblichen Teil unseres Lebens, wie wir im Herzen zu unserem Schöpfer stehen. Mit seinem einfühlsamen und plaudernden Stil eröffnet uns Adrian eine biblische Perspektive auf den Schlaf. Und ein paar tolle praktische Ratschläge hat er auch parat. Lesen Sie es! Und danken Sie Gott für das Geschenk des Schlafs.»

Anthony Adams
Gemeindegründer und britischer Direktor
von Radstock Ministries, Derby

«Manche von uns verbringen ein Drittel unseres Lebens mit Schlafen; andere wünschten, sie könnten das. Adrian Reynolds hilft uns mit seinem Buch, die Prinzipien des Schlafs zu verstehen und ihn mit Genuss zu praktizieren. Dieses fein geschriebene und biblisch fundierte kleine Buch bietet nichts weniger als – eine großartige Bettlektüre!»

Richard Underwood
Pastoraler Leiter der Fellowship of Independent
Evangelical Churches, Market Harborough, England

«Als Ehemann, Pastor und Vater von sechs kleinen Kindern bin ich Gott dankbar für eine gute Nachtruhe (wenn sie mir denn vergönnt ist!). In diesem unterhaltsamen Buch führt Adrian Reynolds uns vor Augen, was die Bibel über den Schlaf zu sagen hat, damit wir diese gute Gabe, die Gott für uns geschaffen hat, annehmen und genießen und so neue Hoffnung auf ihn schöpfen, wenn unser Kopf aufs Kissen sinkt. Ich kann Sie nur ermuntern, es zu lesen und sich erfrischen zu lassen.»

Nathan Smith

Hauptpastor, Grace Church, Bristol

«Angesichts immer mehr um sich greifender Schlafprobleme ist es erfrischend, ein Buch zu lesen, das nicht nur die medizinische, sondern auch die geistlich-theologische Seite dieses überaus wichtigen Themas beleuchtet. Adrian zeigt auf, was die Bibel über den Schlaf lehrt, und fordert uns heraus, diese Wahrheiten auf unser Leben anzuwenden. Eine großartige Lektüre, die uns dazu bringen kann, uns an Gott zu wenden, um in der Nacht guten Schlaf zu finden, statt immer nur zur Pillendose zu greifen!»

Matthew Sweeting

Arzt beim Guy's and St. Thomas NHS Foundation Trust; Gemeindemitarbeiter Christ Church, Leyton

Adrian Reynolds

Selig schlafen

*Die Weisheit der Bibel
zur guten Nacht*

Bibliografische Information der Deutschen Nationalbibliothek
Die Deutsche Nationalbibliothek verzeichnet diese Publikation in
der Deutschen Nationalbibliografie; detaillierte bibliografische
Daten sind im Internet über www.dnb.de abrufbar.

Die Bibelstellen sind folgenden Übersetzungen entnommen:

EÜ = Einheitsübersetzung
© 1980 Katholische Bibelanstalt, Stuttgart
Hfa = Hoffnung für alle © 1983, 1996, 2002 Biblica, Inc.®,
hrsg. von Fontis – Brunnen Basel
Luther = Lutherbibel © 1984 Deutsche Bibelgesellschaft, Stuttgart
NGÜ = Neue Genfer Übersetzung © 2011 Genfer Bibelgesellschaft

Dieser Titel erschien zuerst im Englischen unter dem Titel:
«And so to Bed», Copyright © 2014 by Adrian Reynolds
Christian Focus Publications, Ltd., Geanies House, Fearn,
Ross-shire, IV20 1TW, Schottland, Großbritannien.
www.christianfocus.com

Übersetzt von Christian Rendel, Witzenhausen

Copyright der deutschen Ausgabe:
© 2015 by Fontis – Brunnen Basel

Umschlag: spoon design, Olaf Johannson, Langgöns
Foto Umschlag: Stokkete/Shutterstock.com
Foto Klappe hinten: Pressmaster Shutterstock
Foto Klappe vorne: KENG MERRY MIKEY MELODY, Shutterstock
Foto U4: baranq, Shutterstock
Satz: InnoSet AG, Justin Messmer, Basel
Druck: CPI – Ebner & Spiegel, Ulm
Printed in Germany

ISBN 978-3-03848-039-6

Inhalt

«If sleep would be a religion,
I would be an archbishop!»

(«Wenn Schlaf eine Religion wäre,
wäre ich liebend gerne Erzbischof!»)

Sandra Ann Meyer-Brett

Vorwort:
Ein vernachlässigtes Thema!

Ich besitze keine christlichen Bücher über den Schlaf.

Solche, die mich einschläfern, oh ja, von denen habe ich zwar reichlich – aber das ist nicht ganz dasselbe.

Es ist wirklich wahr. In meinen Regalen findet sich kein einziges christliches Buch, das dieses überaus wichtige Thema biblisch beleuchtet. Auch in meiner christlichen Buchhandlung finde ich keines, ebenso wenig wie online. In meinem *Lexikon der Pastoraltheologie* (das sonst immer sehr hilfreich ist) sucht man das Stichwort Schlaf vergeblich. Angesichts der Dimensionen des Problems und der Tatsache, dass der Schlaf, wie ich Ihnen zu zeigen hoffe, ein geistliches Thema ist, finde ich das alles ziemlich erstaunlich.

Als Pastor empfinde ich, dass uns da etwas entgeht. Als Mensch bin ich dessen ganz sicher.

Für etliche unter uns ist eine «gute Nacht» so etwas wie ein Traum.

Was dieses Buch ist

Darum ist dieser kleine Band mein Versuch, diese Unausgewogenheit wenigstens ein bisschen zu korrigieren.

Ich möchte Ihnen nahebringen, was die Bibel über den Schlaf zu sagen hat. Manches davon wird Sie vielleicht überraschen. Aus geistlicher Sicht kommt dem Schlaf eine größere Bedeutung zu, als Sie möglicherweise dachten – sowohl im Blick auf seinen Nutzen für uns hier und jetzt als auch darauf, was er uns über die Zukunft lehrt.

Zu Beginn möchte ich Ihnen eine ganz allgemeine Einführung zum Thema Schlaf geben. Sodann werde ich im größten Teil des Buches versuchen, Ihnen von der Bibel her meinen zentralen Gedanken nahezubringen. Er lautet in 28 Wörtern:

Schlaf gehört zu unserer Beschaffenheit als Menschen. Er ist eine gute Gabe Gottes, die wir schätzen und genießen sollten. Und er ist das irdische Bild einer geistlichen Wirklichkeit.

Wenn ich damit fertig bin, nehme ich mir noch ein wenig Zeit, um zu erklären, woran es liegen könnte, dass manche von uns nicht besonders gut schlafen. Was können wir – geistlich gesehen – tun, um besser zu schlafen?

Das also ist der Plan.

Nun könnten Sie an dieser Stelle das Buch einfach wieder zuklappen. In gewisser Hinsicht habe ich Ihnen nicht mehr zu bieten, als in der obigen grundlegenden Beschreibung enthalten ist. Dennoch hoffe ich, dass Sie weiterlesen, denn hinter diesen schlichten 28 Wörtern stecken tiefe, Mut machende Wahrheiten.

Mein Ziel ist es, durchweg sowohl biblisch als auch praktisch zu reden. Wunderbarerweise glaube ich nicht, dass diese beiden Ziele letztlich verschieden voneinander sind. Gott hat uns nach seinem Bild geschaffen, und wir sind ganze Menschen. Wir sind keine Engel – keine geistlichen Wesen ohne physischen Körper. Genauso wenig sind wir lediglich Ansammlungen von Atomen und Molekülen. Nein, wir haben eine Seele, und diese unterscheidet uns von dem gesamten Rest der Schöpfung. Wie wir sehen werden, verbindet uns unser Schlafbedürfnis zwar mit einem Großteil der erschaffenen Welt, aber bei uns hat es mehr damit auf sich, weil wir Menschen sind, die nach dem Bilde Gottes geschaffen sind.

Was dieses Buch nicht ist

Ich sollte auch darauf hinweisen, was dieses Buch nicht ist, damit Sie am Ende nicht enttäuscht sind. Erstens handelt dieses Buch zwar vom Schlaf, aber nicht vom Träumen. Beides hängt in mancher Hinsicht zusammen, und die ganze Frage der Träume stellt ein gewaltiges biblisches Thema von bedeutender theologischer Tragweite dar. Aber ich will das wichtige Thema Schlaf nicht mit zu viel Gerede über das spektakulärere Thema der Träume überlagern. Wenn Sie also auf ein Buch über nächtliche Visionen hoffen, werden Sie es leider woanders suchen müssen.

Zweitens ist dies ein Buch über den Schlaf, aber keine medizinische Abhandlung. Es behandelt die biblische Sicht des Schlafes und – bis zu einem gewissen Grad – das biblische Heilmittel gegen Schlaflosigkeit. Zwar werde ich auch medizinische und umweltbezogene Aspekte des Schlafes kurz ansprechen, aber darum geht es hier nicht in erster Linie.

Bitte verstehen Sie mich da richtig: Es kann durchaus gesundheitliche Gründe geben, warum Sie nicht schlafen können. Auch Umweltprobleme können dafür verantwortlich sein. Aber ich bin weder Arzt noch Schlaftherapeut, und mehr, als Ihnen die Richtung zu zeigen, in der Sie Hilfe finden können, kann ich nicht tun.

Ich behaupte also keineswegs, die biblischen Antworten seien die einzigen, die es gibt. Allerdings möchte ich schon deutlich machen, dass wir oft – vielleicht zu oft – übersehen, was die Bibel über dieses wichtige Thema zu sagen hat.

Einige Danksagungen

Für einen Autor ist es nur recht und billig, denjenigen Anerkennung zu zollen, deren Hilfe er in Anspruch genommen hat. Dies will ich nun tun. Aber bitte, ich bin nicht beleidigt, wenn Sie diesen Teil überspringen und gleich ins Buch einsteigen wollen.

Die letzten 22 Jahre meines Lebens habe ich mein Bett

mit einem anderen Menschen geteilt. Meine wunderbare Frau Celia ist nicht nur meine Lebens-, sondern auch meine Schlafpartnerin. Das hat mir sehr geholfen. Ich möchte Gott für sie danken.

Wir haben drei Töchter, doch das Thema Schlaf hat uns besonders bei unserer Ältesten beschäftigt, die verschiedene gesundheitliche Probleme hatte. Ihre schwer errungenen Siege in jedem Bereich des Lebens haben mich dazu motiviert, über dieses Thema aus biblischer Sicht nachzudenken. Deshalb ist dieser kleine Band ihr in väterlicher Liebe zugeeignet.

Vor einigen Jahren hörte ich eine Predigt über den Schlaf von C.J. Mahaney.[1] Ich bekenne, dass ich inzwischen nur noch wenig davon in Erinnerung habe, doch diese Predigt gab den Anstoß zu meinem eigenen Nachdenken und Forschen, so dass ich ihm Dank schuldig bin.

Unter unseren Freunden im Dienst sind auch solche, die uns als Hausärzte zur Seite stehen (oder standen), und ich bin Dr. Rebecca Scott besonders dankbar für ihre Hilfe beim fünften Kapitel und für ihre Durchsicht des fertigen Manuskripts.

Dankbar bin ich auch meinen Kollegen (insbesondere Christopher Ash und Tim Ward), die es nie an Frotzeleien fehlen ließen («Darf ich als Nächstes ein Buch über Kaffee schreiben?»), aber ihre Zeit geopfert haben, um das Buch zu lesen und mir zu helfen, es besser zu machen, sowohl in biblischer als auch in pastoraler Hinsicht. Auch John van Eyk, Pastor der Associated Presbyterian Church in Tain/Fearn, schulde ich Dank für seine sachkundige Unterstützung.

Und schließlich gilt mein größter Dank dem, von dem ich ganz und gar abhängig bin, dem lebendigen Gott – dem Einzigen, der niemals schlummert oder schläft.

Er ist der Grund dafür, dass *ich* es kann.

Gute Nacht!

Einführung zum Thema Schlaf

Schlafen. Jeder braucht es. Jeder tut es. Jeder hat – hin und wieder – seine Not damit.

Diesen drei Aussagen dürfte kaum jemand widersprechen. Ich gehöre vielleicht noch zu den Glücklichen. Die meiste Zeit meines Lebens war ich ein guter Schläfer. Ich musste nie Nachtschichten arbeiten und hatte meist einen regelmäßigen Schlaf-Wach-Rhythmus. Dennoch habe auch ich schmerzliche Zeiten durchlebt, in denen ich nicht schlafen konnte. Und ich weiß, dass ich damit nicht allein bin. Am Rande bemerkt, alle meine Freunde haben – von Zeit zu Zeit (und manche häufiger als andere) – Probleme mit dem Einschlafen gehabt.

«Der wesentlichen Fakten des Lebens sind fünf», sagt der Romanschriftsteller E.M. Forster. «Geburt, Essen, Schlafen, Liebe und Tod.»[1] An Geburt und Tod können wir wenig ändern. Sie haben ihre festgesetzten Zeiten und treten bei jedem Mitglied der Menschheit nur einmal auf. Das Essen und die Liebe liegen – bis zu einem gewissen Grad – in unserer Hand. Zumindest denken wir das. Aber was ist mit dem Schlaf?

Instinktiv wissen wir, dass wir ihn brauchen (und ich hoffe, Ihnen zeigen zu können, dass dieser Instinkt sowohl medizinisch als auch biblisch angemessen ist). Und wir wissen auch, wie frustrierend es ist, wenn wir zu wenig Schlaf bekommen, oder schlimmer noch, wenn wir überhaupt nicht schlafen können.

Die Schafe, die gemach in Reih' und Glied
des Weges ziehn, des Regens Klang, der Immen
Plausch, der Flüsse, Winde, Meere Stimmen,
Kräuseln, das übers stille Wasser zieht,
all dies bedacht' ich schon, und dennoch flieht
der Schlaf!

William Wordsworth: «An den Schlaf», 1806

Vielleicht hätten wir unsere Schwierigkeiten nicht in ganz so lyrische Worte gefasst wie der gute alte Willie. Dennoch bestätigen Studien immer wieder, was er hier so romantisch beschreibt: Wir haben unsere liebe Not mit dem Schlaf.

Ganz ehrlich, es ist ein Problem

2011 führte die britische Mental Health Foundation eine der größten Schlafstudien aller Zeiten durch.[2] Die Teilnehmer wurden aufgefordert, ihren Schlaf auf einer Skala von 0 bis 100 Prozent zu bewerten, wobei 100 Prozent für einen perfekten Nachtschlaf stehen. Die Resultate waren alarmierend.

Durchschnittlich bewerteten Männer ihren Schlaf mit 61 Prozent; bei den Frauen lag der Wert bei 57. Bei den über Sechzigjährigen sanken diese Werte unter 50 Prozent. Nur 38 Prozent aller Befragten wurden als «gute Schläfer» eingestuft. Der Anteil derer, denen eine mögliche chronische Schlaflosigkeit attestiert wurde – ein Zustand schweren Schlafmangels «über einen Zeitraum von vier Wochen oder mehr» –, lag verblüffend hoch bei 36 Prozent.[3]

Interessanterweise sprachen diejenigen, die über Schlafmangel klagten, häufig von den Auswirkungen, die dies in einer Reihe von Lebensbereichen hatte, zum Beispiel:

- Schwierigkeiten mit der Pflege gesunder Beziehungen.
- Stimmungstiefs während des Tages.
- Mühe mit dem Wachbleiben während des Tages.

Diese Befunde werden Sie nicht überraschen. Welche Folgen diese Schwierigkeiten haben, ist sicherlich unterschiedlich: Jemand, der am Schreibtisch arbeitet, wird vielleicht nach einer schlaflosen Nacht keine Höchstleistungen erbringen, aber dass dabei etwas Schlimmeres passiert, als dass er oder sie am Schreibtisch einschläft, ist kaum anzunehmen. Ein Pilot oder Busfahrer hingegen …

Sie sehen schon, worauf das hinausläuft. Schlaflosigkeit ist mehr als nur lästig. Sie kann tödliche Folgen haben.

SleepCottage, eine Website, die sich mit Schlafproblemen befasst, berichtet, dass in den USA zwanzig Prozent aller Verkehrsunfälle dadurch verursacht werden, dass Leute am Steuer einschlafen. Ärzte, die zwischen Operationen weniger als sechs Stunden Schlaf bekommen, so heißt es dort, machen *doppelt* so viele Kunstfehler.[4]

Es geht hier nicht um die Frage, wie genau diese Daten zutreffen; den *Verdacht,* dass sie stimmen, teilen wir alle.

Warum? Weil vermutlich die meisten von uns diese Schlaflosigkeit und ihre Auswirkungen irgendwann schon einmal erlebt haben. Jeder war schon einmal mies gelaunt, nachdem er sich die ganze Nacht im Bett herumgewälzt hat, ohne ein Auge zuzumachen. Und das ist noch der mildeste Fall.

Natürlich kann man einen Mangel an Schlaf leicht mit einem Lachen abtun. Vielleicht ist das unsere Standardhaltung. Manche Leute tragen ihn sogar wie ein Ehrenzeichen vor sich her. Der große britische Essayist Bertrand Russel sagte einmal:

«Männer, die schlecht schlafen … sind fast immer stolz darauf.»[5]

Das ist vielleicht ein wenig übertrieben. Aber wir sind alle schon Leuten begegnet, die gerne jeden wissen lassen, wie schlecht sie geschlafen haben, als wäre das so etwas wie ein Leistungsmerkmal für Machos.

Tatsächlich erfüllt es uns oft mit Ehrfurcht, wenn Leute wenig Schlaf brauchen. Die BBC berichtet, dass Napoleon, Florence Nightingale und Margaret Thatcher mit vier Stunden Schlaf pro Nacht auskamen.[6] (Das dürfte ihre einzige Gemeinsamkeit gewesen sein!) Angesichts dessen könnte es einem ein bisschen … nun ja, schwächlich und jämmerlich vorkommen, wenn jemand sich über Schlafmangel beklagt. In der Zeitschrift «The Spectator» schilderte ein Artikel dies kürzlich als besonderes Problem im modernen Amerika:

Unser Krieg gegen den Schlaf ist kaum zu übersehen. Fernsehinterviewer fragen die unermüdlichen Innovatoren von heute, wie lange sie schlafen … Ist der Gast dann gegangen, diskutieren die Moderatoren weiter über die Frage, rühmen sich ihrer «durchgemachten Nächte» auf dem College oder versuchen, sich gegenseitig mit Behauptungen wie «Fünf Stunden reichen mir» zu unterbieten. Falls die Standardempfehlung von acht Stunden pro Nacht erwähnt wird, behandelt man sie mit milder Verachtung und beharrt darauf, jeder Mensch sei nun einmal anders.[7]

Kann das richtig sein? Um diese Frage zu beantworten, müssen wir ein wenig tiefer graben und uns klarmachen, was genau Schlaf eigentlich ist.

Schlaf ist wie eine … Schlange

Während unseres letzten Familienurlaubs besuchten wir den Cotswold Wildlife Park. Ich muss gestehen, dass mich das Reptilienhaus (das sich doch immer so verheißungsvoll anhört) ein wenig enttäuscht hat. Besonders die Schlangen. Der Park besitzt einen riesigen Netzpython. Und wenn ich *riesig* sage, dann meine ich es auch so. Sein Leibesumfang war dicker als die Taille meiner jüngsten Tochter, weshalb ich über die schützende Glasbarriere ziemlich froh war.

Aber die Sache mit diesem Python war die: Es war ziemlich langweilig, ihn zu beobachten. Natürlich war ich von seiner Größe beeindruckt. Aber er lag die ganze Zeit nur reglos zusammengerollt in der Ecke. Bei den Recherchen zu diesem Buch habe ich inzwischen herausgefunden, woran das lag. Der Python schläft jeden Tag achtzehn Stunden. Damit ist die Chance, dass man ihn bei einem Besuch in Bewegung erlebt, relativ klein.

Giraffen dagegen brauchen jeden Tag nur zwei Stunden Schlaf. Und wie zu erwarten, waren die Giraffen eine viel bessere Attraktion für die Zuschauer. Für Ihren nächsten Zoobesuch empfehle ich Ihnen, als Erstes dorthin zu gehen.

Jedes lebendige Geschöpf muss schlafen. Die Vielfalt dabei ist groß (wobei Pythons und Giraffen so ziemlich die äußersten Enden der Skala repräsentieren). Manche Tiere treiben die Sache natürlich noch weiter. Winterschlaf ist die Bezeichnung für einen reduzierten Stoffwechselzustand, in den manche Tiere eintreten, um über den Winter ihren Laden dichtzumachen. Auf diese Weise lassen sich die Bedürfnisse des Körpers nach den Dingen, die ihn normalerweise am Leben erhalten, äußerst wirkungsvoll reduzieren.

Wer sich nach Schlaf sehnt, wird vielleicht enttäuscht sein zu hören, dass Winterschlaf bei Menschen nicht normal ist, wenn auch im Jahr 1900 das «British Medical Journal» über einen seltsamen Fall unter der Landbevölkerung in der Umgebung der russischen Stadt Pskow berichtete:

Beim ersten Schneefall versammelt sich die ganze Familie um den Herd, legt sich nieder, hört auf, mit den Problemen des menschlichen Daseins zu ringen, und schläft still ein. Einmal am Tag wachen alle auf und essen ein Stück hartes Brot. Die Familienmitglieder wechseln sich darin ab, zu wachen und das Feuer in Gang zu halten. Nach sechs Monaten solch ruhigen Daseins erwacht die Familie, schüttelt sich, geht hinaus, um zu sehen, ob das Gras noch wächst, und macht sich nach und nach an die Arbeit an den Aufgaben des Sommers.[8]

Der «New Statesman» merkte sarkastisch dazu an: «Der Autor hat eine ziemlich sonnige Sicht der Dinge. [...] Ich kann nicht glauben, dass die Russen tatsächlich so vergnügt wieder aufsprangen.»⁹ Ein derartiger Winterschlaf ist nicht normal. Schlaf hingegen schon.

Auch beim Menschen ist die Schlafmenge von Person zu Person unterschiedlich, aber diese Variationen richten sich hauptsächlich nach dem Alter. Neugeborene Babys brauchen im Durchschnitt etwa sechzehn bis achtzehn Stunden Schlaf. Nach etwa einem Jahr sinkt der Bedarf auf dreizehn bis vierzehn Stunden. (Ich höre schon manche Mütter protestieren: «Warum schläft denn mein Timmy nicht so viel?» Die Antwort ist: Er tut es vermutlich doch, wenn Sie einmal alles zusammenrechnen. Nur fühlt es sich oft nicht so an.)

Ältere Kinder brauchen weniger Schlaf – ungefähr neun bis zehn Stunden –, und Teenager wiederum eine Stunde weniger (auch wenn man meinen könnte, ihrer *Lust* nach könnten sie noch viel mehr schlafen, wenn man je versucht hat, sie morgens aus dem Bett zu kriegen). Die meisten Erwachsenen brauchen sieben bis acht Stunden Schlaf, und ältere Erwachsene kommen auch mit sechs bis sieben Stunden aus, wenn diese auch (wie Sie sicher wissen!) durch Nickerchen während des Tages ergänzt werden.

Machen wir es konkret. Wenn Sie als durchschnittlicher Erwachsener um elf Uhr abends ins Bett gehen und eine halbe Stunde zum Einschlafen brauchen, bedeutet das, dass Sie gegen halb acht Uhr morgens erwachen sollten. Sollte Ihr Arbeitstag verlangen, dass Sie schon um halb sieben auf den Beinen sind, sollten Sie sich zwischen zehn und elf Uhr abends auf den Weg ins Bett machen.

So betrachtet, könnte es sein, dass unsere nächtlichen Schlafgewohnheiten in vielen Fällen etwas zu wünschen übrig lassen. Kein Wunder, dass wir bei den Schlafwerten so schlecht abschneiden.

Schlafmetaphern haben sich sogar in unserer Sprache breitgemacht. Wir reden davon, wir hätten «geschlafen wie ein Baby», obwohl, so bemerkte einmal ein Witzbold, jemand, der diesen Ausdruck verwendet, vermutlich kein Baby *hat*. Und überhaupt, könnten wir hinzufügen, was heißt das eigentlich, zu schlafen wie ein Baby? Dass man alle zwei Stunden aufwacht und nach Futter schreit? Natürlich nicht: Der Ausdruck bezieht sich lediglich auf den relativ langen, ununterbrochenen Schlaf, den die meisten Babys (nach den ersten paar Monaten) brauchen und genießen.

Was macht den Schlaf so wichtig? Ist er nicht eigentlich eher etwas, das uns daran hindert, uns eine schöne Zeit zu machen? Ist Schlaf nicht das, was wir tun, wenn wir alle anderen Möglichkeiten, uns am Abend zu vergnügen, ausgeschöpft haben? Hat die berühmte Schriftstellerin Virginia Woolf nicht recht, wenn sie sagt: «Schlaf ist jene beklagenswerte Beschneidung der Freude am Leben»?[10]

Von Ratten lernen

Die Antwort lautet Nein, zumindest aus wissenschaftlicher Sicht. Woolf hat nicht recht. Ohne Schlaf gäbe es gar keine Freude am Leben, keine schönen Zeiten und keine wilden Partyabende. Wissenschaftler vermuten, dass ein Mensch – wenn ein solches Experiment möglich wäre – schneller an Schlafmangel sterben würde als an Nahrungsmangel. Ohne richtigen Schlaf können wir nicht funktionieren.

Beobachten lässt sich das anhand von Schlafstudien an Ratten. Solche Studien finden heute aufgrund von Tierschutzbedenken nicht mehr oft statt. In der Vergangenheit jedoch konnten Wissenschaftler beobachten, dass Ratten bei Schlafentzug bald sterben. Man nimmt der Ratte den Schlaf, indem man sie auf eine kleine Plattform über einem Wasserbecken setzt. Sie wird weiterhin mit Nahrung und Wasser versorgt, nur eindösen kann sie nicht. Immer wenn die Ratte schläfrig wird, verliert sie das Gleichgewicht und fällt ins Wasser, wodurch sie abrupt wieder geweckt wird. Sehr lange überlebt das keine Ratte.

Die Ergebnisse solcher Versuche werden heute weithin verworfen, weil die Wissenschaftler nicht genau wissen können, ob es der Schlafmangel oder der enorme Stress ist, der die Ratte zuerst umbringt. Richtiger Einwand. Freilich hängt beides miteinander zusammen, wie jeder weiß, der schon einmal unter Schlafmangel gelitten hat. Schlaflosigkeit stresst, ob man nun über dem Wasser balanciert oder nicht.

Doch die meisten Wissenschaftler würden den Schlaf gerne besser verstehen. Beobachten kann man ihn leicht, aber ihn zu durchschauen, ist schon schwieriger. Bis heute ist er so etwas wie ein medizinisches Rätsel. Ein Wissenschaftler bezeichnete einmal das Verlangen danach, zu verstehen, warum wir schlafen, als den «Heiligen Gral der Schlafbiologie».[11] Von einem meiner Kollegen wurde ich trocken darauf hingewiesen, man müsse sich doch fragen, wieso die Giraffen, wenn sie doch so wenig Schlaf benötigen, nicht über das Universum herrschen.

Um ein bisschen fachlicher (und ernster) zu werden: Es gibt etwa fünf messbare Schlafstadien. (Wissenschaftler können diese anhand von Beobachtung und Überwachung der Hirnaktivität messen.) Vier davon werden von den Fachleuten als «Nicht-REM-Schlaf» bezeichnet, wobei «REM» für *rapid eye movement* steht. Ein Stadium ist «REM-Schlaf». Während des Schlafes einer Nacht gehen wir (vorausgesetzt, wir schlafen gut) durch vier oder fünf Zyklen von Nicht-REM- und REM-Schlafphasen – immer hin und her.

Zum Nicht-REM-Schlaf gehören die Einschlafphase (die oft von plötzlichen Körperbewegungen begleitet ist), die Verlangsamung der Atmung und des Herzschlags und der Übergang in das, was wir normalerweise Tiefschlaf nennen. All dies sind Nicht-REM-Schlafphasen.

Dann gibt es aber auch den REM-Schlaf, der wegen der für ihn typischen Augenbewegungen (trotz geschlossener Augen) so genannt wird. Auch der REM-Schlaf gehört zum normalen Schlafablauf, und er ist die Phase, in der wir oft träumen – oder zumindest die, aus der wir unsere Träume in Erinnerung behalten. Er ist nicht so tief wie der Nicht-REM-Schlaf. Wissenschaftler sind jedoch der Ansicht, dass gerade diese einzigartige Kombination verschiedener Phasen den Schlaf so erholsam macht.

Wenn Sie je Ihr Bett mit einem Ehepartner oder Ihr Schlafzimmer mit einem Freund oder mit Geschwistern geteilt haben, erkennen Sie manche dieser Phasen vielleicht wieder. Hatten Sie schon einmal das Gefühl, zu fallen und aus dem Schlaf hochzufahren? Oder haben Sie schon einmal neben jemandem geschlafen, der im Schlaf wild zusammenzuckte? Das nennt man Einschlafzuckungen, und sie treten regelmäßig während des anfänglichen Nicht-REM-Schlafes auf. Es ist gar nicht so merkwürdig, wie Sie dachten.

All dies lässt sich beobachten und beschreibt die Natur des Schlafes, ohne richtig an den Kern der Frage heranzukommen, was Schlaf eigentlich ist. Um dieser Frage nachzugehen, stützen sich Wissenschaftler darauf, zu beobachten, was in Ihrem Körper vor sich geht, während Sie *nicht* schlafen. Das ist viel einfacher, als dahinterzukommen, was während des Schlafes im Innern passiert.

Studien zeigen, dass unter Schlafmangel leidende Erwachsene – so die Neurowissenschaftlerin Penelope Lewis von der Universität Manchester – unter hormonellem Ungleichgewicht, Beeinträchtigungen des Immunsystems und einem Absinken der Körpertemperatur leiden. Daraus, so sagt sie, lasse sich entnehmen, dass der Schlaf eine entscheidende Rolle für die Instandhaltung des Körpers spielt.[12]

Doch diese Auswirkungen sind nichts im Vergleich zu den psychologischen Folgen, die bei Schlafmangelpatienten zu sehen sind. Ihre Liste hört sich beängstigend an: «Launenhaftigkeit, Halluzinationen, Paranoia, schlechtes Gedächtnis, Konzentrationsschwierigkeiten und beeinträchtigte Entscheidungsfähigkeit.» Diesen oder jenen Punkt von dieser Liste haben wir alle schon erlebt. So ziemlich jeder hat schon einmal einen Tag nach einer schlaflosen Nacht über sich ergehen lassen müssen. Und selbst, wenn Sie selbst sich nicht mehr daran erinnern, wie schlecht gelaunt Sie da gewesen sind – irgendjemand tut es bestimmt!

In den USA zeigte eine 2011 veröffentlichte Studie, dass Leute, die weniger als sechs Stunden Schlaf pro Nacht bekamen, ein fünfzig Prozent höheres Risiko trugen, an Adenomen des Enddarms zu erkranken, die Vorläufer von Krebstumoren sind.[13] In einer Studie an 24.000 japanischen Frauen, von der das «British Journal of Cancer» berichtete, gab es bei denen, die weniger als sechs Stunden Schlaf pro Nacht bekamen, vierzig Prozent mehr Brustkrebserkrankungen.[14]

Die britische Mental Health Foundation lässt keinen Zweifel daran: «Schlaf ist für unseren Körper so wichtig wie Essen, Trinken und Atmen, und er ist unerlässlich für eine gute geistige und körperliche Gesundheit. Schlaf hilft, unser Gehirn und unseren Körper zu reparieren und wiederherzustellen.»[15]

Umgekehrt funktioniert es ebenso. Denn seltsamerweise kann uns eine ordentliche Mütze voll Schlaf in der Nacht zu mehr Kreativität verhelfen. In ihrem Buch *Sleep: a very short introduction* führen die beiden Neurowissenschaftler Steven Lockley und Russell Foster eine Reihe bedeutender Durchbrüche oder Leistungen auf, die Menschen gelungen sind, nachdem sie sich ausgiebig ausgeschlafen hatten. Richard Wagner zum Beispiel nutzte nach ihrer Darstellung den Schlaf sowohl als Inspiration als auch als Rüstzeug zum Komponieren.

Eine gewisse Ironie ist da nicht zu übersehen: Ich schlafe tatsächlich bei diesen Wagner-Opern regelmäßig ein. Manche davon dauern *Tage!*

Kurz gesagt: Schlaf ist etwas Gutes.

Kein Wunder, dass sich um den Schlaf ein ganzes Teilgebiet der Medizin entwickelt hat – oder besser gesagt, um den Schlafmangel.

Hier bei uns in der Stadt haben wir ein nagelneues Krankenhaus. Es hat Hunderte Millionen Pfund gekostet und verfügt über alle Einrichtungen, die man sich nur vorstellen kann. Kürzlich stattete ich der neurologischen Abteilung dort einen Besuch ab, um jemanden zu einem EEG (einem Elektroenzephalogramm, bei dem die Hirnaktivität gemessen wird) zu begleiten. Die Etage des Krankenhauses, die wir besuchten, beherbergte unter anderem auch zwei Schlafsuiten.

Dabei handelte es sich nicht etwa um Rückzugsorte für die Mitarbeiter, um am Nachmittag ein Nickerchen zu machen (wenn ich mich auch unwillkürlich frage, ob sie nicht hin und wieder auch dazu genutzt werden), sondern um Therapieeinrichtungen, in denen Leute mit Schlafproblemen beobachtet werden, um ihnen bei der Bewältigung ihrer Probleme zu helfen.

Es gibt eine große Bandbreite von Schlafstörungen unterschiedlicher Schwere, die im Lauf der Zeit ans Licht gekommen sind. Etwa: Schlaflosigkeit, Hypopnoe (nächtliche Atembeschwerden), Schlafapnoe (Verschluss der Atemwege während des Schlafens), Bruxismus (Zähneknirschen), Somnambulismus (im Volksmund auch Schlafwandeln genannt): All das und noch mehr sind Probleme, die allenthalben als lösungsbedürftig erkannt werden.

Ja, um es kurz zu sagen: Schlaf ist etwas Gutes, und die ganze Welt weiß das.

So weit die Wissenschaft, oder zumindest das Maß an Wissenschaft, bei dem jemand wie ich noch mitkommt. Aber wie steht es mit der Bibel? Ist Schlaf in der Bibel auch etwas Gutes? Wenn Schlaf ein so heißes Thema ist, dann sollte man doch meinen, dass die Bibel auch etwas dazu zu sagen hat, oder nicht?

Und das hat sie auch. Damit beschäftigen wir uns als Nächstes.

Schlaf gut!

Schlaf gehört zu unserer Beschaffenheit als Menschen

Jesus schlief.

Diese beiläufige Aussage ist bedeutungsvoller, als wir denken. Sowohl Matthäus als auch Markus geben die Geschichte von der Stillung des Sturms durch Jesus wieder. Und ein entscheidender Bestandteil dieser kurzen, aber packenden Geschichte ist, dass Jesus schlief.

> Danach stieg Jesus in ein Boot und fuhr mit seinen Jüngern weg. Mitten auf dem See brach plötzlich ein gewaltiger Sturm los, so dass die Wellen ins Boot schlugen. Aber Jesus schlief. Da weckten ihn die Jünger und riefen voller Angst: «Herr, hilf uns, wir gehen unter!» Jesus antwortete: «Warum habt ihr Angst? Habt ihr denn kein Vertrauen zu mir?» Dann stand er auf und bedrohte den Wind und die Wellen. Sofort legte sich der Sturm, und es wurde ganz still. Alle fragten sich voller Staunen: «Was ist das für ein Mensch? Selbst Wind und Wellen gehorchen ihm!»
>
> *Matthäus 8,23–27; Hfa*

Dies dürfte eine der bekanntesten Geschichten aus dem Neuen Testament sein. Sie wird in Kindergottesdiensten und evangelistischen Bibelkursen erzählt. Natürlich enthält sie eine Offenbarung über die Identität des Christus Jesus. Er ist der Mann, dem sogar der Wind und die Wellen gehorchen.

Aber ist Ihnen dieses wesentliche Detail in der Geschichte aufgefallen? Während sich die Wellen über dem Boot brachen und der Wind die Takelage zum Knattern brachte, lag der Sohn Gottes seelenruhig schlafend da. Das wird natürlich nicht nur berichtet, um zu zeigen, wie see- und sturmfest Jesus war. Schließlich waren die Jünger ja auch bewährte Seefahrer, aber die schliefen nicht. Nein, hier geht es um einen Glauben, der Sicherheit gibt. Jesus hatte diesen Glauben an die Fürsorge seines Vaters. Die Jünger hatten ihn nicht.

Daraus lernen wir zwei Dinge über den Schlaf. Erstens – und auf diesen Punkt werden wir uns in diesem Kapitel konzentrieren – gehört Schlaf zu unserer Beschaffenheit als Menschen. Zweitens – und darum wird es im nächsten Kapitel gehen – ist die Bereitschaft, sich hinzulegen und zu schlafen, selbst ein Ausdruck des Vertrauens und Glaubens gegenüber einem allmächtigen Gott.

Aber alles der Reihe nach.

Jesus schlief.

Jesus ist der vollkommene Mensch. «In ihm», so schreibt der Apostel Johannes, «ist keine Sünde» (1. Johannes 3,5; Luther). Dasselbe sagen auch die Apostel Paulus (2. Korinther 5,21) und Petrus (1. Petrus 2,22). Unbestreitbar ist die Sündlosigkeit Jesu ein zentraler

Punkt in der Lehre der Apostel. Aber das ist noch nicht alles. Die Vollkommenheit Jesu rührt nicht nur daher, dass er Gott selbst war, sondern auch daher, dass er der vollkommene Mensch war und (zum Beispiel) die Vision des Menschseins verkörperte, die der Psalmist in Psalm 8 schildert. «Deshalb musste er uns, seinen Brüdern und Schwestern, auch in allem gleich sein. Dadurch konnte er ein barmherziger und zuverlässiger Hoherpriester für uns werden und sich selbst als Sühneopfer für unsere Sünden Gott darbringen» (Hebräer 2,17; Hfa; mit Bezug auf Psalm 8).

Wenn wir Jesus anschauen, sehen wir also den vollkommenen Menschen vor uns. Das ist für uns eine großartige Nachricht, denn nur als vollkommener Mensch kann er auch der vollkommene Erlöser sein. Darum sollte uns seine Menschlichkeit noch viel mehr jubeln lassen! Wir Evangelikalen haben da manchmal einen etwas verschleierten Blick. Dass Jesus ganz und gar Gott ist, wissen wir, und wir freuen uns darüber. Doch in unserem Eifer, dem oft gegen das Christentum vorgebrachten Einwand zu begegnen, er sei nur ein guter Mensch oder Lehrer gewesen, vergessen wir manchmal, uns ebenso über seine Menschlichkeit zu freuen.

Deshalb entgehen uns solch kleine Details wie dieses in unserem Matthäus-Text.

Jesus schlief.

Der vollkommene Mensch wurde also müde und musste sich ausruhen. Wir können auch nicht sagen, dieses Detail stehe nur da, um die Geschichte bedeutsamer zu machen. Nein, wir lesen auch an anderen Stellen, dass Jesus müde wurde. Deshalb ruhte er sich auch an jenem Brunnen aus, an dem er der Samariterin begegnete: «Dort befand sich der Jakobsbrunnen. Müde von der langen Wanderung setzte sich Jesus an den Brunnen» (Johannes 4,6; Hfa).

Müdigkeit ist etwas völlig Normales. Und auch, dass wir Schlaf brauchen, ist ganz normal.

Natürlich ist es hin und wieder auch angebracht, wach zu bleiben. Jesus stand früh auf, um zu beten (Markus 1,35), und er wachte im Garten Gethsemane, während seinen Jüngern die Augen zufielen (Markus 14,37). Doch diese Vorfälle tun dem normalen Ablauf keinen Abbruch.

Auf dieser Grundlage zeigt sich Schlaf als etwas, das wir uns nicht verkneifen oder schlechtreden sollten. Hören Sie nicht auf Leute, die sich über das Schlafen lustig machen, und geben Sie nichts auf diejenigen, die ihren Schlafmangel wie ein Ehrenzeichen vor sich hertragen. «Ich habe die ganze Nacht durchgearbeitet», gaben meine Kommilitonen immer vor mir an. Was soll denn daran so großartig oder clever sein?

Ich gebe zu, dass ich in meinem bisherigen Berufsleben auch schon einmal eine Nacht durchgemacht habe (mit Fotokopieren, wenn Sie es unbedingt wissen wollen). Aber gebracht hat es mir nichts. Am nächsten Tag war ich zu nichts zu gebrauchen, und die Gerichtsverhandlung, auf die wir uns damals vorbereiteten, verloren wir sowieso.

Nein, Schlaf ist ein ganz normaler Aspekt unserer Beschaffenheit als Menschen. Jeder wird müde, und auch die Bibel bestätigt das. «Selbst junge Menschen ermüden und werden kraftlos, starke Männer stolpern und brechen zusammen» (Jesaja 40,30; Hfa).

Bemerkenswerterweise sehen wir bei Jesus nicht nur, dass er selbst schläft, sondern auch, dass es ihm wichtig ist, dass auch andere zu ihrer nötigen Ruhe kommen. Zu Beginn der Geschichte von der Speisung der Fünftausend findet sich eine wunderbar berührende Aussage, durch die sich Jesus als mitfühlender Führer zeigt. «Da sagte Jesus zu ihnen: ‹Kommt, wir gehen an einen einsamen Ort, wo wir allein sind und wo ihr euch ein wenig ausruhen könnt.› Denn es war ein ständiges Kommen und Gehen, so dass sie nicht einmal Zeit zum Essen fanden» (Markus 6,31; NGÜ). Und das taten sie dann auch.

Im Freien schlafen?

Gab es denn dann auch im Garten Eden schon Schlaf, gleich zu Beginn der Geschichte? Existierte der Schlaf schon vor dem Sündenfall?

Tatsächlich ist in 1. Mose 1 bis 2 bereits vom Schlaf die Rede. Allerdings ist er dort nicht so sehr ein Ausruhen von der Arbeit oder ein tägliches Nickerchen als

vielmehr eine göttlich verabreichte chirurgische Anäs-
thesie, bei der Gott Adam in einen tiefen Schlaf versetzt,
damit er aus ihm die Frau erschaffen kann (1. Mose
2,21): «Da ließ Gott, der Herr, einen tiefen Schlaf über
ihn kommen» (Hfa).

Vielleicht könnten wir im Licht dessen, was wir über
Jesus festgestellt haben, aber durchaus sagen, dass es im
Garten Eden bereits Schlaf gab. Jesus ist der vollkom-
mene Mensch, obwohl er in einer kaputten Welt lebte.
In gewisser Hinsicht bekam er die Auswirkungen der
Sünde um ihn her zu spüren – zum Beispiel war er
Zeuge von Krankheiten und empfand Schmerz über den
Tod eines Freundes. Sein eigenes Sterben für uns war die
Folge der Sünde und des Bösen in der Welt. Es war einer-
seits ein Gegenmittel dagegen (er starb *für* uns), anderer-
seits wurde es aber auch dadurch verursacht (er wurde
von sündigen Menschen hingerichtet).

Doch nichts in der Bibel deutet darauf hin, dass diese
Sündhaftigkeit ihn als Person beeinträchtigte. Das
konnte sie auch nicht. Er war und ist sündlos. Diese Eigenschaft hatte der erste Adam anfangs noch mit ihm gemeinsam. Es spricht also nichts dagegen, dass auch er
Schlaf brauchte. Ebenso wie Eva.

Manche Leute wenden dagegen ein, der Schlaf sei lediglich ein weiterer Aspekt der Tatsache, dass Jesus, der
ewige Sohn Gottes, ein Mensch wurde und damit «zu
den Verbrechern gezählt wurde» (Jesaja 53,12; Hfa). Wir
können es nicht genau wissen, würden diese Leute sa-

gen, aber möglicherweise sei der Schlaf eben doch eine Folge dessen, dass wir in einer kaputten, gefallenen Welt leben. Doch angesichts des überwiegend positiven Tons, mit dem die Bibel vom Schlaf spricht, halte ich das für unwahrscheinlich.

Wie dem auch sei, auch bei Jesus sehen wir das Bedürfnis nach Schlaf. Wir sehen ihn den Schlaf als gute Gabe genießen.

All dies führt uns zu einem interessanten, wenn auch zugegebenermaßen nicht unbedingt theologisch bahnbrechenden Aspekt im Zusammenhang mit dem Schlaf in der Bibel. Es gibt nämlich viele verschiedene Wörter für Schlaf, insbesondere im Alten Testament. Unsere Übersetzungen neigen dazu, den Wortschatz, der viel reichhaltiger ist, als man vielleicht denkt, ein wenig abzumildern. Es gibt ein Wort für leichten Schlaf und ein anderes für Tiefschlaf. Ein ganz spezifisches Wort für Schlaf bedeutet sogar so viel wie «zum Schweigen gebracht werden». Das entspricht etwa unserem Ausdruck «tot umfallen» im Sinne von «schlagartig in tiefen Schlaf sinken».

Es gibt ein Wort für «sich niederlegen», das oft mit Schlafen übersetzt wird (wenn auch nicht immer – eines der bekanntesten Gegenbeispiele ist vielleicht Psalm 23,2: «Er lässt mich lagern auf grünen Auen»; EÜ). Mit anderen Worten, die Bibel ist sich der vielfältigen Formen des Schlafs bewusst, die die Wissenschaftler heute kennen. Die Verfasser der Bibel wussten aus Erfahrung, dass Schlaf tief oder weniger tief sein kann.

Himmlischer Schlaf

Und was ist mit der Zukunft? Wenn es im Garten Eden schon Schlaf gab, werden wir dann auch in der neuen Schöpfung noch schlafen? Darüber schweigt sich die Bibel aus – wie überhaupt über viele Einzelheiten im Zusammenhang mit dem neuen Jerusalem, das uns bevorsteht. Ob wir dort schlafen werden? Zum Teil hoffe ich es. Ich *mag* nun einmal den Schlaf, und ich würde gern glauben, dass er uns auch in der neuen Schöpfung vergönnt sein wird, *nur noch viel besser*.

Doch auch wenn unsere menschliche Beschaffenheit bis in die neue Schöpfung hinein fortdauern wird, wird sie sich verändern. Jesus ist immer noch Mensch (und Gott), doch er sitzt jetzt zur Rechten des Vaters und «trägt alle Dinge mit seinem kräftigen Wort» (Hebräer 1,3; Luther). Kaum vorstellbar, dass er da noch groß zum Schlafen kommt! Seine tragende und erhaltende Herrschaft wird in alle Ewigkeit fortdauern. Als Mensch auf der Erde brauchte Jesus Schlaf, und dieses Bedürfnis haben wir jetzt mit ihm gemeinsam. Falls er in seiner vollkommenen, verherrlichten menschlichen Gestalt keinen Schlaf mehr braucht, liegt die Vermutung nahe, dass auch wir dann nicht mehr jeden Abend ins Bett müssen.

Und denen, die den Einwand erheben möchten, wenn der Schlaf doch Teil unserer Beschaffenheit als Menschen sei, müsse es ihn auf jeden Fall auch in der neuen Schöpfung noch geben, müssen wir entgegenhalten, dass es der Bibel zufolge nun einmal durchaus Dinge gibt, die sich verändern werden. Die neue Schöpfung ist nicht einfach nur eine Rückkehr nach Eden. Die grundlegendste Veränderung ist, dass Adam und Eva dort ja *fähig* zur Sünde waren. Über die neue Schöpfung dagegen können wir kategorisch sagen, dass es dort keine Sünde mehr geben wird.

Paulus weiß, dass diese Veränderung stattfinden wird, und er erklärt sie seinen Freunden in Korinth so:

Gibt es einen natürlichen Leib, so gibt es auch einen geistlichen Leib. [...] Aber der geistliche Leib ist nicht der erste, sondern der natürliche; danach der geistliche. Der erste Mensch ist von der Erde und irdisch; der zweite Mensch ist vom Himmel. Wie der irdische ist, so sind auch die irdischen; und wie der himmlische ist, so sind auch die himmlischen. Und wie wir getragen haben das Bild des irdischen, so werden wir auch tragen das Bild des himmlischen

1. Korinther 15,44–49; Luther

Paulus macht in diesem Kapitel aus 1. Korinther deutlich, dass der Auferstehungsleib nicht natürlich, sondern geistlich ist. Damit meint er nicht, dass er ein schwebendes, geisterhaftes Gespinst sei. Nein, der Auferstehungsleib ist immer noch physisch, wie wir an Jesus sehen können. Jesu Anhänger konnten seinen Auferstehungsleib berühren. Er aß mit ihnen am Ufer des

Sees. Und doch gab es einen wesentlichen Unterschied zwischen seinem Körper, den er *vor* der Auferstehung hatte, und dem, den er *nach* der Auferstehung hatte. Eben das erläutert Paulus hier.

Es findet eine Veränderung vom Natürlichen zum Geistlichen statt. Der geistliche Leib ist nicht an die Beschränkungen des Irdischen gebunden. Deshalb konnte Jesus durch eine verschlossene Tür gehen! Das scheint mir nahezulegen, dass wir in der neuen Schöpfung möglicherweise keinen Schlaf mehr brauchen werden. Der Himmel besteht höchstwahrscheinlich nicht in einem unendlich langen Ausschlafen!

Also sollten wir unseren Schlaf lieber jetzt genießen.

Und damit sind wir schon beim nächsten Kapitel.

Träum was Schönes!

Schlaf ist eine gute Gabe, die wir schätzen und genießen sollten

Niemand hat es gern, mitten aus dem schönsten Schlaf gerissen zu werden. Der Komiker Steve Martin meint, die beste Möglichkeit, einen ehrlich gemeinten Ratschlag und eine akkurate Zeitangabe zu bekommen, sei es, mitten in der Nacht irgendeine Telefonnummer zu wählen.[16] (Denken Sie darüber nach: «Wissen Sie eigentlich, wie spät es ist?!?») Das liegt daran, dass wir, auch ohne dass es uns jemand sagt (und wie wir bereits gesehen haben), schon wissen, dass Schlafen etwas Gutes ist. Es tut uns gut. Wir mögen es nicht, dabei gestört zu werden.

Jeder kennt das Gefühl, nach einer ordentlich durchgeschlafenen Nacht aufzuwachen und sich erfrischt und gewappnet für den Tag zu fühlen. Ich hoffe, es ist bei Ihnen noch nicht lange her!

Zur Erinnerung: Wir sind dabei, uns ein biblisches Bild des Schlafes zu machen. Und das Ergebnis wird in der Kurzfassung so aussehen:

Schlaf gehört zu unserer Beschaffenheit als Menschen. Er ist eine gute Gabe Gottes, die wir schätzen und genießen sollten. Und er ist das irdische Bild einer geistlichen Wirklichkeit.

Zugegeben, bisher sind wir noch nicht sehr weit in unsere Definition vorgedrungen. Doch immerhin haben wir schon über einige wichtige, grundlegende Dinge nachgedacht. Ab jetzt wird es interessant. Es sollte uns nicht überraschen, dass Schlaf zu unserer Beschaffenheit als Menschen gehört und dass er tatsächlich etwas *Gutes* ist. Unser himmlischer Vater ist der Geber aller guten Gaben (Jakobus 1,17), und dazu gehört ja wohl auch der Schlaf, oder?

Nun, wenn das so ist, sollte man erwarten, dass es in der Bibel irgendwo zur Sprache kommt. Und wissen Sie was? Das tut es auch. Hören Sie auf das, was König Salomo sagt:

> Wenn der Herr nicht das Haus baut, dann ist alle Mühe der Bauleute umsonst.
> Wenn der Herr nicht die Stadt bewacht, dann wachen die Wächter vergeblich.
> Ihr steht frühmorgens auf und gönnt euch erst spät am Abend Ruhe, um das sauer verdiente Brot zu essen.
> Doch ohne Gottes Segen ist alles umsonst! Denn Gott gibt denen, die ihn lieben, alles Nötige im Schlaf!
>
> *Psalm 127,1–2; Hfa*

Bevor wir uns nun damit beschäftigen, was dieser Psalm uns über den Schlaf lehrt, müssen wir noch eine Sache klären. Vielleicht enthält Ihre Bibel in einer Fußnote einen Hinweis, es gebe mehrere Möglichkeiten, diesen Psalm zu verstehen. Als eine der alternativen Übersetzungsvarianten wird vielleicht etwa Folgendes genannt: «Denn Gott gibt denen, die ihn lieben, Nahrung, während sie schlafen.»

Was genau wollte König Salomo also mit diesem Psalm sagen? Unter Fachleuten dreht sich die Debatte um die Übersetzung eines besonders kniffligen Wortes. Für unsere Zwecke allerdings reicht es aus, uns klarzumachen, dass Salomo den Gegensatz zwischen jemandem, der auf seine eigenen Werke und Fähigkeiten vertraut, und jemandem, der auf Gott vertraut, darstellen will. In diesem Zusammenhang ist «im Schlaf» eine passende Übersetzung: Das beste Bild für Gottvertrauen ist ein Mensch, der sich nachts seelenruhig schlafen legen kann. Auf dieser Grundlage können wir sehen, dass Schlaf ein Geschenk Gottes ist.

Leg dich ruhig nieder

David bestätigt das in seinem bekannten Hirtenpsalm:

Der Herr ist mein Hirte, nichts wird mir fehlen.
Er lässt mich lagern auf grünen Auen
und führt mich zum Ruheplatz am Wasser.

Psalm 23,1–2; EÜ

In diesem Kontext kann mit «lagern» nur schlafen gemeint sein. Wie man auf sheep101.info (dem «Anfänger-
Ratgeber zum Thema Schafe» im Internet!) nachlesen
kann, legen sich Schafe nur nieder, um zu schlafen. Alles
andere (selbst das Gebären) erledigen sie im Stehen. Also
ist klar, was David meint. Der Herr, sein Hirte, ist derjenige, der ihm Ruhe und Schlaf schenkt. Es ist eine gute
Gabe.

Untermauert wird diese Wahrheit durch Asaf, der die
negative Seite dieser Geschichte erzählt. In Psalm 77 (auf
den wir später noch zurückkommen werden) kann Asaf
nicht schlafen. Woran das liegt, werden wir im über-
nächsten Kapitel erfahren (kleiner Hinweis: Er vertraut
Gott nicht so, wie er sollte). Im Augenblick ist für uns
jedoch nur wichtig, dass auch sein *Schlafmangel* etwas
ist, was Gott über ihn verhängt.

> Wenn ich an Gott denke, fange ich an zu seufzen;
> grüble ich über meine Lage nach, so verliere ich allen
> Mut.
> Ich kann nicht schlafen, weil er mich wach hält;
> die Unruhe treibt mich umher, ich finde keine Worte
> mehr.
>
> *Psalm 77,4–5; Hfa*

Wenn es Gott ist, der uns wach hält (zu einem bestimmten Zweck), so folgt, dass er es auch sein muss, der uns
überhaupt erst den Schlaf schenkt.

Natürlich würden manche Leute dem entgegenhalten, dass es ja alle möglichen körperlichen Gründe dafür gibt, dass wir schlafen: Wir sind müde; wir sind im körperlichen Wachstum begriffen; wir haben schwer gearbeitet; es ist spät und so weiter. Stimmt alles. Doch hinter diesen physiologischen Realitäten brauchen wir die geistliche Wahrheit nicht aus den Augen zu verlieren: Schlaf ist eine Gabe.

Wir kennen zum Beispiel auch die wissenschaftlichen Begründungen dafür, warum eine Pflanze wächst. Wir wissen, wie sie vom Acker auf unseren Tisch kommt (oder zumindest haben wir eine einigermaßen klare Vorstellung davon). Doch kein Christ würde bestreiten, dass die Nahrung auf unseren Tischen eine gute Gabe von unserem himmlischen Vater ist. Und genauso ist es mit dem Schlaf.

Aber wir können noch mehr sagen.

Schlaf ist nicht nur eine Gabe. Er ist eine *gute* Gabe.

Freilich wird der Schlaf in der Bibel nicht immer nur in einem positiven Zusammenhang erwähnt. Ein paar Gegenbeispiele werden wir später betrachten. Doch im richtigen Kontext spricht die Bibel außerordentlich wohlwollend über den Schlaf. Das Wort des Schöpfers unterstreicht, wenn Sie so wollen, all das, was die Wissenschaftler später herausgefunden haben. Schlaf ist etwas Gutes.

Süß und sanft

Eines meiner Lieblingssprichwörter aus den biblischen Sprüchen steht schon ziemlich am Anfang jenes bemerkenswerten Buches:

> Mein Sohn, lass [die Erkenntnis] nicht aus deinen
> Augen weichen, bewahre Umsicht und Klugheit! ...
> Legst du dich, so wirst du dich nicht fürchten,
> und liegst du, so wirst du süß schlafen.
>
> *Sprüche 3,21 und 24; Luther*

Gott fürchten und seine Gebote halten heißt neutestamentlich ausgedrückt, jemand zu sein, der Jesus Christus, die Weisheit Gottes, liebt und ihm dient. Und wenn wir so leben, dass wir Jesus nicht aus unseren Augen weichen lassen, so gilt uns diese erstaunliche Zusage: Wir werden uns nicht fürchten, wenn wir uns niederlegen, sondern wir werden süß schlafen.

Auf den ersten dieser Punkte kommen wir gleich noch einmal zurück. Jetzt möchte ich Ihr Augenmerk zunächst darauf lenken, wie herrlich der Schlaf in diesem Sprichwort beschrieben wird. Er ist etwas Süßes. Süß heißt so viel wie gut, schön, wunderbar. Süß schmeckt lecker. Und mehr.

Unseren kleinen Kindern wünschen wir oft «süße Träume» und meinen damit: «Ich hoffe, du kriegst keine Albträume.» Wir möchten gern, dass sie (und wir!) die Nacht tief und fest durchschlafen können. Dabei sollten wir, wenn wir uns auskennen, ihnen lieber einen «süßen *Schlaf*» wünschen, denn damit würden wir ein Bibelwort verwenden, um eine biblische Gabe zu beschreiben.

Der Prophet Jeremia leidet unter den vielen unbequemen Dingen, die er dem Volk Israel auszurichten hat. Die Israeliten sind keine besonders guten Zuhörer, wie Sie sicher wissen, wenn Sie seine Prophezeiungen schon einmal gelesen haben. Doch da gibt es einen wunderbaren Moment, in dem er von einem wiederhergestellten Israel träumt: von Bauernhöfen, die Nahrung produzieren, von Frauen, die Kinder gebären, von blühenden Städten und so weiter. Dann wacht Jeremia auf und notiert Folgendes:

Ich erwachte und blickte umher,
und mein Schlaf war süß gewesen.

Jeremia 31,26; EÜ

Merken Sie, was er da sagt? Nicht «mein *Traum* war süß gewesen», sondern «mein *Schlaf* war süß gewesen». Seine süßen Träume hatten seinen Schlaf süß gemacht.

Schlaf ist eine gute Gabe.

Vergiss nicht zu danken

Das sollte uns innehalten und ein paar prüfende Fragen stellen lassen. Bitten Sie Gott je um diese Gabe? Oder danken Sie ihm je dafür?

Das Erste liegt uns vielleicht näher als das Zweite. Es liegt uns – im Allgemeinen – nun einmal viel mehr, Gott um Dinge zu bitten, als ihm dafür zu danken. Aber wie steht es damit: Wann haben Sie Gott das letzte Mal für Ihren Schlaf gepriesen? Wenn Sie schlecht geschlafen haben, steht Ihnen das vielleicht klar vor Augen, aber wie oft wachen Sie morgens nach einer guten Nacht auf, recken sich und rufen: «Danke, Herr, für die gute Gabe des Schlafes»?

Meine Frau und ich beten jeden Abend zusammen, bevor wir das Licht ausmachen. Wir danken Gott für den vergangenen Tag, beten für den nächsten und für unsere Kinder und arbeiten uns dann systematisch durch den Gebetskalender der Gemeinde. Meistens denke ich auch daran, für einen guten Schlaf in der Nacht zu beten. Am ehesten tue ich das, wenn wir zuvor nicht so gut geschlafen haben.

Aber zu meiner Schande kann ich mich nicht erinnern, je morgens aufgewacht zu sein und «Danke» gesagt zu haben.

Es geht mir einfach um Folgendes: Wenn wir wirklich damit rechnen würden, dass Schlaf eine gute Gabe Gottes ist, dann würden wir doch sicherlich dankbarer dafür sein.

Eine gute Gabe sollte man schätzen. Aber man sollte sie auch genießen. In dem manchmal verwirrenden Buch des Predigers unterweist Salomo (ja, der schon wieder) sein Volk, das Beste aus dem zu machen, was Gott ihm schenkt. Es ist manchmal schwer, zeigt er auf, sich auf diese Welt einen Reim zu machen. Nicht immer ergeben die Dinge einen Sinn. Manchmal scheint alles ziemlich drunter und drüber zu gehen. Wie kann man in so einer Welt am besten leben? Punkt eins: «Fürchte Gott und halte seine Gebote» (Prediger 12,13; Luther). Oder um es neutestamentlich zu sagen: Bleib dicht an Jesus dran. Erst vertrauen, *dann* gehorchen, könnten wir sagen.

Und Punkt zwei? «Darum rühme ich die Freude» (Prediger 8,15; Hfa). Nehmen Sie das Gute, das Gott Ihnen schenkt, im richtigen Rahmen an, und genießen Sie es. Dazu gehört auch der Schlaf. Das ist das Tolle am Schlaf: Er ist nicht nur eine gute Gabe, für die wir Gott dankbar sein müssen, sondern auch eine, an der wir unsere Lust haben sollten.

Statt es als peinlich zu empfinden, wenn wir uns ordentlich ausschlafen, sollten wir uns darüber freuen. Eine Person, der ich erzählte, dass ich ein Buch übers Schlafen schreibe, schaute mich daraufhin verdutzt an. «Warum schreibst du nicht ein Buch übers Aufs-Klo-Gehen?», fragte sie mich vorwitzig. Die Antwort ist, dass Schlaf mehr ist als nur eine Körperfunktion. Er ist eine gute Gabe, die wir *aktiv* schätzen und pflegen sollten. Er ist ein süßes, sanftes, gutes Geschenk von unserem Vater.

Wer hat Angst vorm bösen Wolf?

Doch Salomos Worte haben noch einen tieferen Sinn, was den Schlaf angeht. Es geht nicht nur darum, ihn als gute Gabe zu schätzen und zu genießen. Ich hoffe, Sie können mir darin zustimmen. Schlaf ist zugleich auch ein Zeichen für etwas anderes. In ihm zeigt sich Vertrauen.

Ist Ihnen aufgefallen, wie Salomo seine Weisheit weitergab?

> Mein Sohn, lass [die Erkenntnis]
> nicht aus deinen Augen weichen,
> bewahre Umsicht und Klugheit! [...]
> Legst du dich, so wirst du dich nicht fürchten,
> und liegst du, so wirst du süß schlafen.
>
> *Sprüche 3,21.24; Luther*

Wie kommt es, dass Salomo uns auffordern kann, uns hinzulegen und uns nicht zu fürchten?

Bei uns zu Hause ist es montagabends Papas Aufgabe, unsere jüngste Tochter ins Bett zu bringen. Wir lesen, plaudern, beten, und dann (schließlich) ist es Zeit, Gute Nacht zu sagen. In unserer Familie ist das ein ausgefeiltes Ritual, bei dem bestimmte Lampen eingeschaltet, andere ausgeschaltet und Türen um einen genau festgelegten Spalt geöffnet werden müssen. Vielleicht liegt es an meiner mangelnden Übung, dass ich das so oft nicht richtig hinkriege!

Was hat es mit dieser ganzen Routine auf sich? Letzten Endes geht es darum, dass alles genau so ist, dass meine kleine Tochter tief und fest schlafen kann. Sie möchte sich sicher fühlen, und dieses Gefühl gewinnt sie aus bestimmten Abläufen und einer bestimmten Umgebung. Manche von uns folgen solchen Ritualen noch als Erwachsene. Ich zum Beispiel schließe jeden Abend vor dem Schlafengehen die Tür doppelt ab und schalte die Alarmanlage ein.

Menschlich gesehen müssen wir, um ruhig schlafen zu können, auf gewisse Dinge vertrauen. Ich muss darauf vertrauen, dass das Haus wasserdicht und einbruchssicher ist. Ich verlasse mich darauf, dass es nicht durchs Dach regnet und dass die Haustür zubleibt. Noch unmittelbarer vertraue ich darauf, dass das Bett mich trägt und die Deckenbalken halten, so dass ich morgens nicht im Wohnzimmer im unteren Stockwerk unseres viktorianischen Stadthauses aufwache.

Das alles nehmen wir selbstverständlich, aber wir müssen alle zugeben, dass es wichtig ist für unser seelisches Befinden.

Dasselbe gilt auch im geistlichen Sinn. Vielleicht ist uns das nicht so deutlich vor Augen wie den biblischen Autoren. Die schliefen ja oft im Freien, und viele der Psalmisten zum Beispiel waren Gefahren ausgesetzt, die wir uns nur entfernt vorstellen können: wilden Tieren, Feinden und Verrätern.

Von daher gesehen ist Schlaf immer ein Zeichen unse-

res Vertrauens, dass uns nichts passieren wird. In Kriegs-
zeiten halten Soldaten abwechselnd Wache, eben weil
sie diese Sicherheit sonst nicht garantieren könnten.

Darum ist es so bedeutsam, dass die biblischen Autoren so über den Schlaf reden. Was Salomo darüber sagt,
haben wir schon gesehen. Vielleicht hat er diese Lektion
von seinem Vater David gelernt. Schauen Sie sich die folgenden beiden Beispiele an:

> Ich lege mich nieder und schlafe ein,
> ich wache wieder auf, denn der Herr beschützt mich.
> Viele Tausende von Kriegern fürchte ich nicht,
> wenn sie mich ringsum belagern.
>
> *Psalm 3,6–7; EÜ*

Das schrieb David auf der Flucht vor seinem Sohn Absa-
lom, der ihm nach dem Leben trachtete. Oder wie ist es
damit:

> In Frieden leg ich mich nieder und schlafe ein;
> denn du allein, Herr, lässt mich sorglos ruhen.
>
> *Psalm 4,9; EÜ*

In beiden Fällen kann David gut schlafen, weil er darauf
vertraut, dass Gott sich seiner annimmt. Er kann – selbst
in Schlachtsituationen – seelenruhig schlummern, weil
er weiß, Gott ist bei ihm. Ja mehr noch, er «beschützt»
ihn.

Vielleicht können wir es so ausdrücken: Die Bereitschaft, sich niederzulegen und zu schlafen, ist an sich schon ein Ausdruck des Vertrauens auf die souveräne Hand Gottes. Mir wird nichts geschehen, was er nicht beschlossen hat. Es wird nichts Schlimmes passieren, solange er es nicht zulässt. Jeder Atemzug, den ich tue, liegt in seiner Hand, ob ich wache oder schlafe.

Dieser Frieden, mit dem wir uns in den Schlaf *begeben,* drückt ein Vertrauen und eine Zuversicht aus, dass Gott am Ruder ist und über uns wacht. In der deutschen Fassung eines alten irischen Chorals heißt es:

Steh mir vor Augen, auf dich will ich sehn.
Herr, deine Wahrheit allein wird bestehn.
Sei du mir nahe bei Tag und bei Nacht.
Wach oder schlaf ich, hab du auf mich acht.[17]

Und damit sind wir wieder bei den Jüngern, die im Boot in Panik gerieten, während Jesus schlief – bei der Geschichte, mit der mein zweites Kapitel begann. Jesus, der vollkommene Mensch, kann schlafen, weil er ganz und gar auf seinen himmlischen Vater vertraut. Er wusste, dass er nicht ertrinken würde. Seine Zeit war noch nicht gekommen.

Die Jünger begriffen das nicht. Und so tadelt Jesus sie völlig zu Recht: «Warum habt ihr Angst? Habt ihr denn kein Vertrauen zu mir?» (Matthäus 8,26; Hfa).

Der Einzige, der nicht schläft

Letzten Endes drückt sich diese Wahrheit in einem der bewegendsten Bibeltexte zum Thema Schlafen aus. Das heißt, um genauer zu sein, geht es an dieser Stelle darum, *nicht zu schlafen*. Ich spreche von Psalm 121 (nach Luther):

> Ich hebe meine Augen auf zu den Bergen.
> Woher kommt mir Hilfe?
> Meine Hilfe kommt vom Herrn,
> der Himmel und Erde gemacht hat.
> Er wird deinen Fuß nicht gleiten lassen,
> und der dich behütet, schläft nicht.
> Siehe, der Hüter Israels
> schläft und schlummert nicht.
> Der Herr behütet dich;
> der Herr ist dein Schatten über deiner rechten Hand,
> dass dich des Tages die Sonne nicht steche
> noch der Mond des Nachts.
> Der Herr behüte dich vor allem Übel,
> er behüte deine Seele.
> Der Herr behüte deinen Ausgang und Eingang
> von nun an bis in Ewigkeit!

Wunderschöne Worte, nicht wahr? Dieser Psalm ist ein Wallfahrtslied. Das heißt, das Volk Gottes sang ihn auf dem Weg nach Jerusalem zu einem der wichtigen jüdischen Feste. Mit anderen Worten: Jeder kannte diese Zeilen.

Sie bringen genau das zum Ausdruck, was wir bereits gesehen haben: dass Gottes souveräne Fürsorge der Grund dafür ist, dass wir schlafen können. Gott, der Herr, ist es, der über uns wacht; er ist unser Schatten. Doch der wichtigste neue Gedanke für uns ist vielleicht dieser:

Wir können schlafen, weil Gott es *nicht* tut.

Die Sprache ist wunderbar poetisch. «Der Hüter Israels schläft und schlummert nicht.» Hier finden wir zwei unserer hebräischen Wörter für «schlafen». Das Wort, das mit «schlummern» wiedergegeben wird, ließe sich auch mit «eindösen» übersetzen. Es bezeichnet Schläfrigkeit. Gott wird sozusagen nicht am Steuer einnicken. Mein Schwiegervater sagt mir oft, er wolle «nur mal die Augen zumachen». Das soll heißen, dass er seinen nachmittäglichen Powernap macht.

Gott tut das nicht.

Er braucht kein Mittagsschläfchen.

Vielleicht ist es auch aufschlussreich für Sie, dass das mit «schlafen» übersetzte Wort in Vers 4 ein gebräuchlicheres hebräisches Wort für richtigen, tiefen Schlaf ist! Mir gefällt sehr, wie Eugene Peterson das in seiner beliebten Bibelübertragung wiedergibt: «Kommt gar nicht in Frage! Israels Hüter wird niemals dösen oder schlafen.»[18]

Hier haben wir das herrliche, wunderbare, erstaunliche, atemberaubende Paradox des Schlafens. Wir können schlafen, weil Gott es *nicht* tut! Gerade aufgrund der *Schlaflosigkeit* Gottes (oder genauer gesagt aufgrund seines fehlenden Schlafbedürfnisses) können wir sicher, tief und ruhig schlafen.

Gottes schlafloses Wesen ist der Grund dafür, dass seine Kinder die gute Gabe des Schlafes, die er ihnen schenkt, schätzen und genießen können.

Zur falschen Zeit am richtigen Ort

Ich habe schon angedeutet, dass die Bibel nicht immer nur positiv vom Schlaf spricht. Um die Perspektive der Bibel zutreffend wiederzugeben, müssen wir insbesondere auf drei Ausnahmen eingehen.

Erstens müssen wir sagen, dass Schlaf genau wie alle guten Gaben Gottes zu einem Götzen werden kann. Es ist durchaus möglich, den Schlaf so sehr zu lieben und zu begehren, dass die Gabe statt des Gebers für uns in den Mittelpunkt rückt. Dass diese Gefahr besteht, sollte uns nicht überraschen.

Geld, Sex, Sicherheit, Familie – all diese Dinge können uns so wichtig werden, dass sie in der Reihenfolge noch über Christus rangieren. Wir können sie geradezu anbeten. Das ist nicht nur eine allgemeine Aussage, sondern es wird in der Bibel ausdrücklich gesagt: «Liebe nicht den Schlaf, sonst bist du bald arm! Steh früh genug auf, damit du immer genug zu essen hast» (Sprüche 20,13; Hfa). Hier kommt es darauf an, dieses Sprichwort in seinem Zusammenhang zu verstehen. Die Warnung richtet sich gegen die Faulheit. In einer landwirtschaftlich geprägten Ökonomie, in der die Leute unmittelbar von der Hand in den Mund leben, hat einer, der nicht arbeitet, auch nichts zu essen.

Der Verfasser der Sprüche drückt das auf sehr eindrückliche Weise aus. «Liebe nicht den Schlaf.» Mit anderen Worten: Verbring nicht den ganzen Tag im Bett — steh auf und mach dich an die Arbeit!

Schlaf ist hier zum Götzen geworden, weil er das Gebot der Arbeit verdrängt. Aber das Prinzip hat auch außerhalb dieses unmittelbaren Zusammenhangs Gültigkeit. Schlaf kann wirklich leicht zum Götzen werden.

Das bringt mich zur nächsten Ausnahme. Wie bei allen Gaben Gottes hängt es vom Kontext ab, ob sie gut sind oder nicht. Am deutlichsten sehen wir das bei der Gabe der sexuellen Gemeinschaft. Im richtigen Kontext ist sie eine gute, eine wunderbare Gabe. Im falschen Kontext ist sie keine Gabe, sondern eine Sünde. Den meisten Christen ist das völlig klar.

Beim Schlaf ist es nicht anders. Wachsein hat seine Zeit. Und zur Zeit des Wachseins ist es schlicht und einfach falsch zu schlafen. Obwohl uns auch das Beispiel des Eutychus überliefert ist, der während einer langen Predigt einschlief (Apostelgeschichte 20,7–12), würde ich (wie die meisten Prediger) sagen, dass Einschlafen während der Predigt keine gute Gabe ist, die man genießen und schätzen sollte. Sie können ja das nächste Mal, wenn Ihnen das passiert, versuchen, Ihren Pastor davon zu überzeugen!

Jesus macht das auch seinen Jüngern deutlich, die im entscheidenden Moment im Garten Gethsemane, als er sie am nötigsten brauchte, eingeschlafen waren: «Dann kam er zu den drei Jüngern zurück und sah, dass sie eingeschlafen waren. Er weckte Petrus und rief: ‹Könnt ihr denn nicht eine einzige Stunde mit mir wachen?›» (Matthäus 26,40; Hfa). Jetzt wäre für sie die Zeit gewesen, wach zu bleiben!

Und schließlich müssen wir auch aufpassen, nicht in den Irrtum zu verfallen, die Fähigkeit zu schlafen bedeute, mit uns und unserem Leben mit Christus sei alles in bester Ordnung. Es gibt den «Schlaf der Gerechten», wie man so schön sagt, aber es ist auch durchaus möglich, den Schlaf der Ungerechten zu schlafen.

Um es mit aller Deutlichkeit zu sagen: Die Bösen schlafen auch gut. Man kann durchaus in seinem Leben gegen Gott und seine Absichten rebellieren und trotzdem nachts selig schlummern. Das beste biblische Beispiel dafür ist Jona. Sie kennen wahrscheinlich die Geschichte: Gott beruft Jona, nach Ninive zu gehen. Doch Jona macht sich lieber auf einem Schiff nach Tarsis davon (also so ziemlich in die entgegengesetzte Richtung). Daraufhin sendet Gott einen mächtigen Sturm.

Und Jona? Der «war unter Deck in den hintersten Raum gegangen, hatte sich hingelegt und schlief fest» (Jona 1,5; Hfa). Über solche Seelenruhe konnte der Kapitän des Schiffes nur staunen. In diesem Fall war der Schlaf nicht etwa eine gute Gabe, sondern das Kennzeichen eines Mannes, der in diesen Stunden in seinem «eigenen Gewissen gebrandmarkt» war (1. Timotheus 4,2; Elb).

Diese drei Ausnahmen sollten wir im Gedächtnis behalten. Doch keine davon ändert etwas an dem, was allgemein gilt: Schlaf ist ein Geschenk unseres himmlischen Vaters, eine Gabe, die wir schätzen und genießen dürfen. Wir können schlafen, weil er es *nicht* tut.

Es gibt keine Garantien – jedenfalls noch nicht

Zum Ende dieses Kapitels sollten wir allerdings eines beachten. Die beiden Psalmen, aus denen wir zitiert haben (Psalm 3 und 4) sind alttestamentliche Lieder, die ihre Wurzeln in dem Alten Bund haben, den der Herr mit seinem gesalbten König David schloss. Diese alttestamentlichen Verheißungen scheinen auf den ersten Blick im Hier und Jetzt verankert zu sein, aber in Wirklichkeit weisen sie immer auch auf eine größere und tiefere Wahrheit hin. Um ganz und gar zu verstehen, was Gott uns verspricht, müssen wir über den unmittelbaren Horizont hinausblicken und darauf schauen, wie die Verheißungen, die den gesalbten Königen gegeben wurden, heute in Christus erfüllt sind.

Zum Beispiel drücken diese Psalmen die Zuversicht auf Gottes schützende Hand aus. Dabei dachte David bestimmt nicht, er werde immer für seine Feinde unangreifbar sein. Dass das nicht so war, wusste er aus Erfahrung. Dennoch konnte er diese Zuversicht schon in diesem Leben ausdrücken, weil er wusste, dass sich die Verheißung – letzten Endes – immer als wahr erweisen würde.

Dasselbe Paradox sehen wir bei den Worten Jesu. Manche seiner Anhänger werden verachtet werden, sogar von ihren eigenen Familien. Manche werden sogar getötet werden (Lukas 21,16). Man wird sie hassen. Und doch sagt Jesus: «Kein Haar von eurem Haupt soll verloren gehen» (Vers 18; Luther). Wie ist das zu verstehen?

Die Antwort ist, dass wir zwar keine Garantie dafür haben, dass wir jeden Morgen frisch und munter aus unserem Schlaf erwachen werden. Wir können uns aber einer größeren Verheißung gewiss sein. Und darum soll es im nächsten Kapitel gehen.

Bis morgen früh!

Schlaf ist das irdische Bild einer geistlichen Wirklichkeit

Ich wohne ganz in der Nähe eines Friedhofs. Das hört sich vielleicht nicht sehr glamourös an, aber immerhin bedeutet es, dass ich einigermaßen ruhige Nachbarn habe. Es ist einer der sogenannten Superfriedhöfe Londons, die in den 1840ern eröffnet wurden, um der Überfüllung der bestehenden Begräbnisstätten zu begegnen. Die meisten der schätzungsweise 350.000 Gräber sind nicht markiert, doch eine Ecke ist den Gräbern der «Dissenter» (nicht-anglikanischen Protestanten) vorbehalten. Wenn man manche der kleinen, bescheidenen Grabsteine liest, kann das sehr bewegend sein. Das ist bei viktorianischen Gräbern häufig der Fall. Es gibt dort jede Menge Gräber von Säuglingen, kleinen Kindern und jung Verstorbenen. Auf vielen dieser Dissenter-Grabsteine sind drei schlichte Worte eingraviert: *asleep in Jesus* – schlafend in Jesus.

Das ist keine viktorianische Variante der Political Correctness. Es ist allgemein bekannt, dass die westlichen Kulturen sich alle möglichen Alternativen ausgedacht haben, um den Tod zu bezeichnen und in Worte zu fassen – manche davon ziemlich grobschlächtig, andere weniger. Wir reden einfach nicht gern über den Tod. Und man könnte leicht denken, dass «Schlafen» hier auch nur so ein Euphemismus ist.

Aber nein. In diesem Fall ist es nicht so. Diese Brüder und Schwestern hatten keine Angst vor dem Tod. Sie hatten ihn ganz richtig verstanden. Die Verstorbenen schlafen in Jesus.

Tot oder lebendig, erster Teil

Dieser Gedanke ist nicht neu. Er stammt aus der Bibel. Sowohl das Alte als auch das Neue Testament beschreiben den Tod auf diese Weise. Im Alten Testament kommt das zwar nicht ganz so häufig vor, aber zu finden ist es auch dort. Wie wir bereits gesehen haben, gibt es im Hebräischen eine Reihe verschiedener Wörter für den Tod. Eines davon beschreibt ihn recht anschaulich als ein Betäubtsein oder ein Abgeschlossensein; heute würden wir vielleicht «Erlöschen» sagen. In unseren modernen Bibeln wird dieses Wort manchmal mit «schlafen» (in Jona 1,6 zum Beispiel) übersetzt und manchmal auch gebraucht, um den Tod zu beschreiben. «Ausgeplündert sind die tapferen Streiter, sie sinken hin in den Schlaf» (Psalm 76,6; EÜ). Es besteht wohl kein Zweifel, was der Psalmist Asaf damit meint.

Im Neuen Testament ist die sprachliche Verbindung zwischen den Bezeichnungen für den Schlaf und für den Tod noch offensichtlicher. Sie zeigt sich zum Beispiel in den Worten Jesu, als er die Tochter des Jairus von den Toten erweckt.

Jesus aber sagte: Weint nicht! Sie ist nicht gestorben, sie schläft nur. Da lachten sie ihn aus, weil sie wussten, dass sie tot war. Er aber fasste sie an der Hand und rief: Mädchen, steh auf! Da kehrte das Leben in sie zurück, und sie stand sofort auf.

Lukas 8,52–55; EÜ

Uns als Lesern ist natürlich klar, dass sie tot ist. Aber achten Sie darauf, wie Jesus die Sprache des Schlafens gebraucht, während er sein Erweckungswunder vollbringt.

Tot oder lebendig, zweiter Teil

Genau dasselbe passiert in Johannes 11. Die Geschichte von Lazarus, dem Freund Jesu, ist uns allen vertraut. Sie enthält einige wohlbekannte Momente und Sätze, vor allem die wunderbaren Worte des Erlösers, als er Marta die Zusicherung gibt: «Ich bin die Auferstehung, und ich bin das Leben. Wer mir vertraut, der wird leben, selbst wenn er stirbt. Und wer lebt und mir vertraut, wird niemals sterben» (Johannes 11,25–26; Hfa).

Aber spulen wir ein paar Momente zurück. Als Jesus seine Jünger unterweist, kommen wir zu einer verblüffenden Einsicht.

Nachdem er das seinen Jüngern gesagt hatte, meinte er: «Unser Freund Lazarus ist eingeschlafen, aber ich will hingehen und ihn aufwecken!» Die Jünger erwiderten: «Wenn er schläft, wird er bald wieder gesund sein.» Sie glaubten nämlich, Jesus hätte vom gewöhnlichen Schlaf gesprochen, aber er redete vom Tod des Lazarus.

Johannes 11,11–13; Hfa

Doch Jesus klärt den Irrtum auf und sagt es gleich darauf noch einmal mit aller Deutlichkeit:

Deshalb sagte Jesus ihnen offen: «Lazarus ist tot!»

Johannes 11,14; Hfa

Jesus scheint den Tod mit dem Schlaf gleichzusetzen, weil sich andeutet, dass da noch etwas kommt. So viel zumindest haben die Jünger vom *Schlaf* verstanden: «Wenn er schläft, wird er bald wieder gesund sein.» In Bezug auf den *Tod* dagegen scheint ihnen das noch nicht klar zu sein, während Marta es bereits verstanden hat: «Ich weiß, dass er auferstehen wird bei der Auferstehung am Letzten Tag» (Johannes 11,24; EÜ).

Tot oder lebendig, dritter Teil

Paulus nutzt diese Mehrdeutigkeit und spricht noch deutlicher vom Schlaf, um den Tod zu beschreiben.

> Denn das sagen wir euch mit einem Wort des Herrn, dass wir, die wir leben und übrig bleiben bis zur Ankunft des Herrn, denen nicht zuvorkommen werden, die entschlafen sind.
>
> *1. Thessalonicher 4,15; Luther*

Und damit keine Unklarheit darüber aufkommen kann, was Paulus hier meint, fährt er fort:

> Denn er selbst, der Herr, wird, wenn der Befehl ertönt, wenn die Stimme des Erzengels und die Posaune Gottes erschallen, herabkommen vom Himmel, und zuerst werden die Toten, die in Christus gestorben sind, auferstehen.
>
> *1. Thessalonicher 4,16; Luther*

Warum diese unterschiedliche Ausdrucksweise? War es dem Apostel etwa peinlich, das Thema Tod direkt anzusprechen, so wie uns, wenn wir sagen, jemand sei «dahingeschieden» oder «von uns gegangen»? Wohl kaum. An anderen Stellen äußert er sich ziemlich unverblümt über den Tod und seine Auswirkungen.

Nein. Paulus weiß genau, dass der Ausdruck «Schlaf»

sehr gut passt, um den Tod zu beschreiben. Indem er den Tod so bezeichnet, folgt er dem Beispiel Jesu.

Warum ist diese Ausdrucksweise richtig? Ganz einfach: Weil der Tod nicht das Ende ist.

Die Auferweckung des Lazarus war ein Vorgeschmack der Auferstehung des Sohnes Gottes. Der Tod konnte ihn nicht festhalten, und genau, wie er es versprochen hatte, stand er am dritten Tag von den Toten auf. Diese wunderbare und zentrale Wahrheit, so sagt der Apostel Paulus, ist der Vorreiter für das, was die Theologen manchmal die «allgemeine Auferstehung» nennen (womit gemeint ist, dass sie *allgemein,* also an allen Menschen geschieht). «Nun aber ist Christus auferstanden von den Toten als Erstling unter denen, die entschlafen sind» (1. Korinther 15,20; Luther).

Weil Christus auferweckt wurde, werden auch die anderen Menschen auferweckt werden. Erstlinge sind die ersten Früchte, die geerntet werden. Sie sind wichtig, weil sich an ihnen zeigt, wie die Ernte ausfallen wird. Wenn die ersten Trauben gut sind, dann wird der übrige Wein auch hervorragend werden. Diese bewegende Beschreibung der Auferstehung Jesu weist uns darauf hin, was jedem glaubenden Menschen bevorsteht.

Manche Leute ziehen die Ansicht vor, mit dem Tod sei alles zu Ende. Aber als Christen glauben wir, dass der Tod nur eine Zwischenstation auf dem Weg ist. Wer mit Christus verbunden ist, der ist ihm in seinem Tod gleich geworden, damit wir ihm, um es mit Paulus zu sagen, auch in seinem Auferstehungsleib gleich werden. Ein alter hugenottischer Choral drückt es so aus:

> Nein, nein, das ist kein Sterben,
> zu seinem Gott zu gehn,
> der dunklen Erd' entfliehen
> und zu der Heimat ziehen
> in reine Sternenhöh'n!
>   Nein, nein, das ist kein Sterben,
> ein Himmelsbürger sein,
> beim Glanz der ew'gen Kronen
> in süßer Ruhe wohnen,
> erlöst von Kampf und Pein.[19]

So gesehen, ist der Schlaf eine perfekte Analogie für den Tod. Von der irdischen Seite der Ewigkeit aus gesehen kann der Tod sehr endgültig wirken. Und so sollte es ja auch sein. Der Tod zerreißt unsere Verbindung zu dieser Welt. Unsere leblosen Körper werden in der Erde vergraben oder verbrannt. Testamente werden eröffnet. Güter verteilt. Für die Hinterbliebenen hat der Tod auf jeden Fall etwas Endgültiges.

Aber als Christen verstehen wir, dass sich diese Endgültigkeit nur auf diese gegenwärtige Welt bezieht. Die Auferstehung Jesu beweist, dass die in Christus Verstorbenen ebenfalls auferstehen werden.

Wenn wir uns schlafen legen, tun wir das in der selbstverständlichen Erwartung, am anderen Morgen wieder aufzuwachen. Wir rechnen fest damit, einzunicken und dann bei Sonnenaufgang wieder zu Bewusstsein zu kommen. Deshalb stellen wir uns den Wecker, planen unsere Tage, machen Termine und so weiter. Niemand geht mit dem Gedanken zu Bett: «Das war's dann ja wohl.» Nein, wir verlassen uns darauf, dass auf das Schlafen auch wieder ein Erwachen folgt, so sicher wie der Tag auf die Nacht.

Freilich trifft das nicht bei jedem zu. Manchmal ereilt uns ja der Tod, während wir schlafen. Manche Leute wünschen sich sogar, dass ihr Ende auf eben diese Weise kommen möge. Der Gedanke an langes Siechtum und Leiden ist beängstigend. Ich habe schon Leute beerdigt, die friedlich im Schlaf gestorben waren. Es ist erstaunlich, wie viele ihrer Verwandten dann sagen: «So möchte ich auch einmal gehen.»

Tatsache ist aber, dass die Art und Weise, «wie wir gehen», in den Händen unseres allmächtigen Gottes liegt. Für manche wird es vielleicht ein friedliches Gleiten aus dem Leben sein. Anderen mag ein langer Leidensweg bevorstehen. Doch in beiden Fällen ist Schlaf eine passende Bezeichnung für den Tod.

Alle werden erwachen

Das trifft tatsächlich sowohl für gläubige als auch für nicht gläubige Menschen zu. Die allgemeine Auferstehung werden alle erleben: diejenigen, die in Christus gestorben sind, wie auch diejenigen, die ihn bis zum Ende abgelehnt haben. «Denn einmal werden wir uns alle vor Christus als unserem Richter verantworten müssen», schreibt Paulus in seinem zweiten Brief an die Korinther (2. Korinther 5,10; Hfa). Bestätigt wird diese Wahrheit in den letzten Kapiteln des Buches der Offenbarung, freilich in erheblich bilderreicherer Sprache:

Ich sah einen großen, weißen Thron und den, der darauf saß. Erde und Himmel konnten seinen Blick nicht ertragen, sie verschwanden im Nichts. Und ich sah alle Toten vor dem Thron Gottes stehen: die Mächtigen und die Namenlosen. Nun wurden Bücher geöffnet, auch das Buch des Lebens. Über alle Menschen wurde das Urteil gesprochen, und zwar nach ihren Taten, wie sie in den Büchern beschrieben waren. Das Meer gab seine Toten zurück, ebenso der Tod und sein Reich. Alle, ohne jede Ausnahme, wurden entsprechend ihren Taten gerichtet. Der Tod und das ganze Totenreich wurden in den See aus Feuer geworfen. Das ist der zweite Tod. Und alle, deren Namen nicht im Buch des Lebens aufgeschrieben waren, wurden ebenfalls in den Feuersee geworfen.

Offenbarung 20,11–15; Hfa

Bei diesen Schlusskapiteln der Offenbarung sind sich Christen nicht immer ganz einig darüber, wie die letzten

Einzelheiten zu verstehen sind. Was zum Beispiel hat es mit diesem zweiten Tod auf sich, von dem am Ende dieses Abschnitts die Rede ist?

Ich glaube, man kann legitimerweise unterschiedlicher Meinung über diese Fragen sein, aber der grundsätzliche Punkt, um den es hier geht, ist klar: Es gibt eine allgemeine Auferstehung aller Menschen (bei der das Totenreich seine Toten wieder hergibt); eine Auferstehung, auf die dann das Gericht für alle folgt.

Verständlicherweise sprechen Leute, die nicht gläubig sind, nicht so häufig vom Schlafen, wenn sie den Tod meinen. Viele von ihnen (wenn auch nicht alle) rechnen nicht gern mit der Möglichkeit einer Auferstehung, da diese ja auch die Möglichkeit einer großen Abrechnung beinhaltet. Diejenigen, die es dennoch tun, wiegen sich oft in der vagen Erwartung, es werde «schon alles gutgehen». Wer aber Gottes Wort aufmerksam gelesen hat, weiß, dass wir nur in Christus mit Zuversicht vor den Richterstuhl Gottes treten können.

Und der Schlaf – der doch so etwas Wunderbares ist! – erscheint uns vielleicht als eine merkwürdige Hinleitung zu dem, was die Propheten den «großen und schrecklichen Tag des Herrn» nannten (z. B. Maleachi 3,23). Aber ich hoffe, Sie können erkennen, wie angemessen das ist. Denn wenn wir tief schlafen, fürchten wir uns nicht vor dem nächsten Tag.

Ich musste einmal bei einer wichtigen Gerichtsverhandlung als Gutachter aussagen. Mein erster Tag im

Zeugenstand lief nicht gut. Die Staatsanwaltschaft hielt nicht viel von meiner Aussage, und der Richter folgte den Anwälten in ihrer Skepsis. Ich hatte das Pech, dass ich gleich nach einem bekannten, mit Ritterstand geadelten Geschäftsmann an die Reihe kam, dessen Aussage der meinen widersprach, und das Gericht schien eher geneigt, ihm zu glauben als mir.

In jener Nacht konnte ich nicht schlafen. Ich war fix und fertig mit den Nerven. Die erneute Aussage am nächsten Tag lag mir schwer auf der Seele, verschärft durch die abschließenden Worte des Richters, der mich ermahnt hatte, «nach Hause zu gehen und gründlich darüber nachzudenken, was Sie hier unter Eid ausgesagt haben». Ich kam mir vor wie ein ungezogener Schulbengel, dem der Direx die Ohren langgezogen hatte.

Wegen der bangen Sorge vor dem nächsten Tag konnte ich kein Auge zumachen.

Bald jedoch war das Verfahren vorbei (wir verloren), und damit auch meine Sorgen. Ich kann Ihnen gar nicht sagen, wie gut ich auf einmal wieder schlief! Wenn wir vom nächsten Tag nichts zu befürchten haben, dann wissen wir, dass wir auch gut schlafen können. Und genau deshalb ist der Schlaf auch eine besonders gute Metapher für den Tod der *Christen* (wenn sie auch auf den Tod *aller* Menschen anwendbar ist).

Man schläft gut, wenn man nichts zu befürchten hat – das haben wir bereits gesehen. Und das gilt auch für den Tod – den Tod, der seinen Stachel verloren hat, weil er «verschlungen ist vom Sieg» (1. Korinther 15,54; Luther). Für einen gläubigen Menschen hat der Tod keinen Schrecken. Wir wissen, dass die Gerechtigkeit Christi uns deckt. Wir können zwar nicht aufgrund unserer eigenen Qualitäten vor dem Richterstuhl Gottes bestehen, aber das müssen wir auch gar nicht. Wir stehen dort in Christus als reingewaschene, wiederhergestellte Menschen, deren Schuld vergeben ist.

Morgen wird alles besser

Und tatsächlich werden wir aus diesem letzten Schlaf herrlich zu einem viel besseren Leben erwachen, in dem unsere Leiber verwandelt sind. Der Apostel Paulus nennt das «zu Hause beim Herrn». Das ist der Moment, in dem wir mit unserem himmlischen, ewigen Leib bekleidet werden.

Das wissen wir: Wenn unser Leib einmal zerfällt wie ein Zelt, das abgebrochen wird, erhalten wir einen neuen Leib, eine Behausung, die nicht von Menschen errichtet ist. Gott hält sie im Himmel für uns bereit, und sie wird ewig bleiben. Voll Verlangen sehnen wir uns danach, den neuen Leib anzuziehen wie ein Kleid, damit wir nicht nackt, sondern bekleidet sind, wenn wir unseren irdischen Körper ablegen müssen. [...]

Deshalb sind wir jederzeit zuversichtlich, auch wenn wir in unserem irdischen Leib noch nicht bei Gott zu Hause sind. Jetzt glauben wir an ihn, auch wenn wir ihn noch nicht sehen können. Aber wir rechnen fest damit und würden am liebsten diesen Leib verlassen, um endlich zu Hause beim Herrn zu sein.

2. Korinther 5,1–8; Hfa

Ich frage mich, ob wir Christen diese Verbindung zwischen Schlaf und Tod nicht stärker betonen sollten. Nicht nur, weil die Substantive fast austauschbar sind, sondern auch, weil das eine, wie wir jetzt allmählich erkennen, ein Bild für das andere ist.

Vielleicht lesen Sie dieses Buch, ohne diese Zuversicht auf das, was kommt, zu teilen. Es ist durchaus möglich, dass Sie sich in gewisser Hinsicht als einen Christen betrachten, aber es nicht schaffen, den Tod als eine Art Schlaf zu sehen. Das alles kommt Ihnen zu beängstigend und zu endgültig vor.

Wenn es so ist, möchte ich Ihnen Mut machen, noch einmal darüber nachzudenken. Wir können nur dann den Tod mit dem Schlaf gleichsetzen, wenn wir die Realität eines Lebens aus der Vergebung kennen und wissen, was es bedeutet, mit Christus Jesus vereint zu sein und Anteil an seinem Tod *und* seiner Auferstehung zu haben. Daher rührt die Zuversicht des Paulus; eine Zuversicht, die Gott all denen verheißt, die umkehren und an ihn glauben.

Und das bedeutet, dass wir als Christen, wenn wir uns schlafen legen, um eine gute Nachtruhe beten, uns aber zugleich auch klarmachen sollten, dass wir eines herrlichen Tages für immer aus dieser Welt entschlafen werden. Und wenn wir aufwachen und Gott für eine gute Nachtruhe danken, sollten wir ihm zugleich dafür danken, dass wir eines herrlichen Tages für alle Ewigkeit in seiner Gegenwart erwachen werden.

Durchaus möglich, dass unsere heutige Welt diesen Zusammenhang besser versteht, als ihr selbst klar ist. Darin, dass unsere Kultur den Schlaf so gering schätzt und darin nichts als eine Unterbrechung des eigentlichen Tagesablaufs sieht, spiegelt sich vielleicht auch ihre Geringschätzung des Todes wider: Man muss eben so viel wie möglich erreichen, bevor der Vorhang fällt. Wir stellen uns «Löffel-Listen» auf – fünfzig Dinge, die wir tun wollen, bevor wir fünfzig sind, zum Beispiel. Unsere Kultur will nichts davon wissen, dass Gott unserem Leben Grenzen und Schranken auferlegt – sowohl im zeitlichen (Wachen und Schlafen) als auch im ewigen Sinne (Leben und Tod).

Es versteht sich von selbst, dass Christen darüber ganz anders denken sollten.

Und ich frage mich, ob sich das in beiden Richtungen bemerkbar macht. Wenn wir verstehen, dass wir eines Tages in der Gegenwart unseres Erlösers erwachen werden, fällt es uns leichter, unseren Schlaf jetzt zu schätzen. Wir wissen, dass wir – an jenem letzten

Tag – frei von Sorgen, Schmerzen, Krankheit und Sünde aufwachen werden. Es hat seinen guten Grund, dass Menschen, die in Jesus entschlafen, «in Frieden ruhen» können, wie es auf manchen Grabsteinen steht. Genauso sollte es auch mit unserem irdischen Schlaf sein.

Gott schenkt uns in seiner Güte den Schlaf, der uns eine Pause von den Sorgen und Plagen der Welt verschafft. Einer meiner Freunde sagt mir oft: «Morgen früh sieht alles schon viel besser aus.» Indem wir die geistlichen Realitäten verstehen, wird unser jetziger Schlaf noch mehr zu einer Freude und einer Wohltat für unseren Leib und unsere Seele.

Sing es noch mal

Erinnern Sie sich noch an den Friedhof in meiner Nachbarschaft? Je jünger die Gräber dort sind, desto seltener findet man auf den Grabsteinen die Worte «asleep in Jesus». Sie sind aus der Mode gekommen und hören sich für heutige Ohren ziemlich süßlich und sentimental an. Aber das sollte nicht so sein. Das sollte die Sehnsucht jedes gläubigen Menschen sein – in ihm einzuschlafen, weil wir wissen, dass wir wieder aufwachen werden. Ein schöner alter Choral drückt das wunderbar aus:

Asleep in Jesus! Blessed sleep!
From which none ever wakes to weep;
a calm and undisturbed repose,
unbroken by the last of foes.

Asleep in Jesus! Oh, how sweet
to be for such a slumber meet;
with holy confidence to sing
that death has lost its painful sting!

Asleep in Jesus! Peaceful rest!
Whose waking is supremely blest;
no fear, no woe, shall dim that hour
that manifests the Saviour's power.

Asleep in Jesus! Oh, for me
may such a blissful refuge be;
securely shall my ashes lie,
waiting the summons from on high.

Asleep in Jesus! Though far it seems
your kindred and their graves may be;
but there is still a blessed sleep,
from which none ever wakes to weep.

(In Jesus schlafen! Seliger Schlaf!
Aus dem niemand je weinend erwacht;
sanfte, ungestörte Ruhe,
die auch der letzte Feind nicht durchbricht.

In Jesus schlafen! Oh, wie lieblich,
in solch einen Schlummer zu fallen;
mit heiliger Zuversicht zu singen,
dass der Tod den schmerzhaften Stachel verloren hat!

In Jesus schlafen! Friedvolle Ruhe!
Aus der zu erwachen die höchste Seligkeit ist;
keine Furcht, kein Leid wird jene Stunde trüben,
in der sich die Macht des Erlösers zeigt.

In Jesus schlafen! Ach, möge mir
solch selige Zuflucht zuteilwerden;
sicher soll meine Asche liegen
und auf den Ruf aus der Höhe warten.

In Jesus schlafen! Scheinen auch
deine Lieben und ihre Gräber fern zu sein,
so gibt es dennoch einen seligen Schlaf,
aus dem niemand je weinend erwacht.)

Margaret MacKay (1802–1887)[20]

Schlaf gehört zu unserer Beschaffenheit als Menschen. Er ist eine gute Gabe Gottes, die wir schätzen und genießen sollten. Und er ist das irdische Bild einer geistlichen Wirklichkeit.

Was also sollten wir tun, wenn uns dieses herrliche Geschenk entgeht?

Lass dich nicht von den Bettwanzen beißen!

Tipps für einen guten Nachtschlaf

Treffen sich zwei Beamte auf dem Flur. Sagt der eine zum anderen: «Na, kannst du auch nicht einschlafen?»

Womit wieder einmal bewiesen wäre, dass die alten (Beamten-)Witze *nicht* immer die besten sind. Dazu kommt, dass jeder, der schon einmal Schwierigkeiten mit dem Einschlafen hatte (ich selbst eingeschlossen), weiß, dass das alles andere als witzig ist. Ganz im Gegenteil sogar. Wie wir bereits gesehen haben, kann eine andauernde Schlaflosigkeit einen ziemlich mürbe machen.

Es gibt unzählige Gründe, warum Leute nicht schlafen können. Manchmal sind es ganz praktische. Manchmal medizinische. In anderen Fällen liegen geistliche Gründe vor. Auf diese letzte Kategorie möchte ich nun das Augenmerk richten, und sie ist auch der Zweck dieses Büchleins. Aber wir sollten uns nicht unmittelbar dieser Kategorie zuwenden, ohne zuvor wenigstens einen Blick auf die anderen Faktoren geworfen zu haben.

Praktische Ratschläge für einen guten Nachtschlaf

Die meisten verheirateten Leute werden Ihnen sagen, dass sie eine bestimmte Seite des Bettes bevorzugen: die linke oder die rechte. Ich gestehe, dass ich ein bisschen seltsamer bin, denn wenn Sie mich fragen würden, auf welcher Bettseite ich lieber schlafe, würde ich immer antworten: «Auf der Fensterseite.» Und tatsächlich habe ich meine bevorzugte Bettseite in unserer über zweiundzwanzigjährigen Ehe schon mehrmals von links nach rechts und wieder zurück gewechselt, je nachdem, wo zur jeweiligen Zeit das Schlafzimmerfenster war.

Ich kann bei frischer Luft besser schlafen. Vielleicht finden Sie mich jetzt ein bisschen sonderbar. Oder vielleicht auch inkonsequent – warum mache ich es nicht gleich richtig und schlafe unter den Sternen?! Aber die Wahrheit ist, dass es jede Menge praktische Antworten auf die Frage des Schlafes gibt. Manche davon sind allgemeingültig und wirken sich bei jedem Menschen aus. Manche aber, wie mein offenes Fenster, sind persönliche Eigenarten und komplett subjektiv.

Dies ist kein Buch über die richtige Gestaltung der Schlafumgebung (davon gibt es schon reichlich), aber es ist mir wichtig, wenigstens einige Möglichkeiten zu nennen und Ihnen ein paar Vorschläge zu machen, die Sie ausprobieren können. Warum? Weil auch in der Welt Weisheit zu finden ist. Unser allmächtiger Gott schenkt auch denen, die nichts von ihm wissen wollen, ein gewisses Verständnis für die menschliche Natur und billigt ihnen die Weisheit zu, Dinge, die schiefgehen, besser zu machen.

Sie und ich, wir sollten immer dankbar sein, wenn eine Krankenschwester uns eine Kanüle in den Arm

sticht oder wir uns unters Messer eines Chirurgen begeben. Die Theologen nennen das *allgemeine Gnade:* Die
Welt ist nicht so schlecht, wie sie sein könnte, und wir
können von der Welt manche Weisheit lernen.

Erstens gibt es ein paar *allgemeine* Dinge, die Sie ausprobieren können, um besser zu schlafen.[21] Eine zentrale
Rolle spielt dabei, dass man eine gewisse regelmäßige
Routine pflegt. Gehen Sie – soweit möglich – jeden Tag
etwa zur selben Zeit zu Bett. Stehen Sie ungefähr zur selben Zeit auf, wenn Sie können. Interessanterweise empfehlen Experten auch, sich ausschließlich von der «inne-
ren Uhr» wecken zu lassen.

Ja, klar. Der eine oder andere von uns muss morgens zur
Arbeit! Nicht jeder Vorschlag ist gleichermaßen brauchbar.

Regelmäßigkeit ist wichtig. Eltern kennen das von den
Gutenacht-Geschichten für ihre Kinder. Oft ist es immer
dasselbe Buch (das alle Beteiligten schon fast auswendig
können), bei dem den lieben Kleinen die Augen zufallen.
Sehr beliebt ist bei vielen das *Sleep Book* von Dr. Seuss.[22]

Die Tiere nun nach einem Ruheplatz schauen.
Zwei Biffer-Baum-Vögel ihr Nest nun bauen
wie jede Nacht. Oft frag ich mich beklommen,
wie sie das immer fehlerlos hinbekommen.
Doch was kümmert's uns beide,
wie man das macht.
Der Punkt ist: Sie gehen zu Bett.
Gute Nacht.

Viele Leute haben die Erfahrung gemacht, dass man viel schlechter schläft, wenn man dauernd auf die Uhr schaut. Wenn Sie also wie ich einen Wecker brauchen, um morgens aus dem Bett zu kommen, versuchen Sie mal, ihn nachts so von sich wegzudrehen, dass Sie die Zeiger nicht sehen können. Daneben gibt es noch andere naheliegende Tipps. Trinken Sie weniger koffeinhaltige Getränke, gönnen Sie sich regelmäßige Bewegung (aber nicht direkt vor dem Schlafengehen), legen Sie sich nicht mit vollem (oder leerem) Magen ins Bett, und sorgen Sie dafür, dass es in Ihrem Schlafzimmer dunkel und ruhig ist. Eine gute Matratze und gute Decken und Kissen sind unerlässlich.

Es hilft auch, in einer vertrauten Umgebung zu sein. Wenn man viele Nächte auf Reisen fern von zu Hause verbringt, kann es sein, dass man oftmals nicht gut schläft. Einer meiner Freunde nimmt auf Reisen innerhalb von Großbritannien immer seine eigene Bettdecke mit.

Das ist nicht so verrückt, wie es sich anhört. In den USA gibt es eine Hotelkette, die dafür bekannt ist, dass sie einem immer genau die gleiche Art von Zimmer anbietet, wo immer man sich auch befindet: dasselbe Bett, dieselben Vorhänge, dieselbe Bettwäsche. Sie warb mit dem Versprechen, man werde beim Aufwachen nicht wissen, in welcher Stadt man sich gerade aufhält. Für manche Leute hört sich das vielleicht ein bisschen langweilig an, aber für andere, die viel reisen, war es ein Geschenk des Himmels.

Und schalten Sie zeitig Ihr Telefon aus!

Den Fachleuten zufolge ist die heutige Versessenheit auf alle möglichen Geräte ein erheblicher Faktor bei Schlafstörungen. 42 Prozent der Generation Y (Alter 19 bis 29) und 52 Prozent der Generation Z (13 bis 18) benutzen unmittelbar vor dem Schlafengehen ihre Telefone. Die Babyboomer (48 bis 64) sollten darüber jetzt nicht selbstgerecht den Kopf schütteln. Sie machen es kaum besser, nur sind ihre Geräte größer: 67 Prozent schauen unmittelbar vor dem Schlafengehen fern.[23] Diese intensive Interaktion bringt die Gedanken zum Kreisen und hemmt häufig den Schlaf, auch wenn man sich noch so schläfrig *fühlt.*

Allgemeine Einigkeit herrscht darüber, dass Alkohol *keine* Hilfe beim Schlafen ist. Das überrascht Sie vielleicht. Oft denken die Leute, mit ein paar Bierchen vor dem Zubettgehen oder einem Whisky als Schlummertrunk schliefen sie leichter ein. Das zumindest stimmt auch tatsächlich. Allerdings verhilft Alkohol nach Auffassung der Schlafforscher *nicht* zu einem tiefen Schlaf durch die ganze Nacht. Beim *Einschlafen* mag Alkohol helfen, aber zugleich wird er wahrscheinlich dafür sorgen, dass man irgendwann mitten in der Nacht aufwacht.

Alkohol reduziert die Zeitspanne, die man braucht, um einzuschlafen, und fördert einen tieferen Schlaf für zwei oder drei Stunden. Allerdings führt er zugleich zu häufigerem Aufwachen und Nicht-REM-

Schlafphasen des ersten Stadiums in der zweiten Nachthälfte. Bei beständigem Gebrauch schafft er mehr Probleme, als er lindert.[24]

Nein, Alkohol ist keineswegs das Patentrezept, für das viele ihn halten.

Wohingegen Sex, und das sage ich bei aller Vorsicht, ein solches *ist*. Nach Aussage der Leiterin des amerikanischen Berman Center for Women's Sexual Health[25] reduziert sexuelle Aktivität nicht nur den Stress (was dem Schlaf zugutekommt), sondern setzt auch das Hormon Oxytocin frei, das uns schläfrig macht.

Als Christen wissen wir natürlich, dass dieser Ratschlag so verstanden werden muss, dass er für Sex in seinem richtigen, von Gott vorgesehenen Kontext gilt, nämlich in der Ehe. Außerdem kann es auch vorkommen, dass schlechter oder enttäuschender Sex uns erst recht wach hält und unzufrieden macht. Dennoch ist dies – allgemein gesprochen – eine wichtige Erkenntnis, über die sich die meisten Ehepaare nur freuen können.

Ungewöhnliche Arbeitszeiten müssen guten Schlaf nicht ausschließen. Tatsächlich sind die Betroffenen oft «Schlafexperten». In unserer Gemeinde haben wir eine Reihe von Leuten, die im Schichtdienst arbeiten. Manche arbeiten regelmäßig zu «unsozialen» Zeiten, wie wir das nennen – in der Nachtschicht. Bei anderen sind die Arbeitszeiten unregelmäßig: Ärzte, Krankenschwestern, Rettungssanitäter, Polizeibeamte und dergleichen. Sie arbeiten mal in der Nacht, mal am Tag und manchmal in wechselnden Schichten.

Mir fällt auf, dass diese Leute in unserer Gemeinde manchmal die besten Einfälle haben, wie man zu unregelmäßigen Zeiten einschlafen kann. Vielleicht kennen Sie jemanden, bei dem Sie sich Rat holen können? Als wir in unserer Gemeinde einmal ein Schlafseminar veranstalteten, kamen die besten praktischen Tipps zum Teil von jemandem, der in einem solchen Beruf tätig ist.

Zweitens gibt es vielleicht *konkretere* Lösungen, die für Sie geeignet sind, aber nicht unbedingt für andere Leute. Dazu gehört zum Beispiel meine Offene-Fenster-Theorie. Hüten Sie sich jedoch davor, in solche Lösungen zu hohe Erwartungen zu setzen. Wenn Ihnen ein Freund ein todsicheres Mittel gegen Ihre unruhigen Nächte anbietet, muss das nicht unbedingt heißen, dass das bei Ihnen auch funktioniert. Mir hilft frische Luft, aber es kann durchaus sein, dass Ihnen davon nur kalt und elend wird.

Etliche weitere Anregungen finden Sie auf den Websites von Gesundheits-Infoportalen wie Onmeda[26] oder Zeitschriften wie dem «STERN».[27] Achten Sie jedoch darauf, dass manche Webseiten von Matratzenherstellern gesponsert werden oder lediglich deren Marketingwerkzeuge sind. Das macht sie nicht wertlos (viele davon enthalten nützliche Ratschläge), aber es lohnt sich immer ein Blick darauf, wer Ihnen Ihre Informationen liefert.

Medizinische Ratschläge für einen guten Nachtschlaf[28]

Ich bin kein Arzt, und dies soll kein medizinisches Buch sein. Dennoch ist es wichtig, sich klarzumachen, dass medizinische Probleme dahinterstecken können, wenn Sie nicht gut schlafen können. In diesem Buch habe ich versucht, zu zeigen, dass nicht nur der Schlaf eine gute Gabe von unserem Vater im Himmel ist, sondern auch geistliche Gegenmaßnahmen nötig sein können, um der Schlaflosigkeit Herr zu werden. Genauso wichtig kann es freilich sein, dass Sie sich von einem Arzt helfen lassen, falls ihr Problem vor allem körperlicher oder psychologischer Art ist.

Es gibt einige naheliegende körperliche Ursachen für Schlafschwierigkeiten. Wenn Sie zum Beispiel Rückenprobleme oder irgendwelche anderen chronischen Schmerzen haben, kann es sein, dass Ihre Nachtruhe dadurch regelmäßig gestört wird. Oder wenn Sie erkältet sind und deshalb Mühe mit dem Atmen haben, werden Sie wahrscheinlich auch schlecht schlafen.

Manche körperlichen Beschwerden dauern über längere Zeit an. Schlafapnoe ist ein Leiden, bei dem die Atmung im Schlaf immer wieder für kurze Zeit aussetzt, was dazu führt, dass man für einen Moment wach wird. Das ist im Grunde nicht gefährlich, aber es führt zu Müdigkeit am nächsten Tag und kann das Risiko von Herz-Kreislauf-Erkrankungen erhöhen. Nach Schätzung des britischen National Health Service sind vier Prozent der

Männer und zwei Prozent der Frauen in mittleren Jahren davon betroffen.[29]

Bestimmte Medikamente, zum Beispiel Antidepressiva, Betablocker, Steroide, Thyroxin (zur Behandlung von Schilddrüsenerkrankungen) und manche Asthmamedikamente (Sympathomimetika wie etwa das Asthmamittel Salbutamol) können ebenfalls den Schlafrhythmus durcheinanderbringen. Außerdem dürfte offensichtlich sein, dass Missbrauch und übermäßiger Gebrauch von Medikamenten und Drogen ebenfalls zu Schlaflosigkeit führen können. Und wir wissen alle, dass es uns wohl kaum zum schnelleren Einschlafen verhilft, wenn wir vor dem Zubettgehen Kaffee trinken.

Auch ernste körperliche Erkrankungen stören den Schlaf – dazu gehören Herzprobleme, Asthma, die Alzheimerkrankheit, die Parkinsonkrankheit, Arthritis sowie Erkrankungen unseres Magen-Darm-Trakts und der Harnwege. Vieles davon betrifft vor allem ältere Menschen, allerdings nicht ausschließlich.

Freilich können Schlafprobleme auch durch psychologische Faktoren verursacht sein. Davon gibt es viele verschiedene Formen, die unglaublich komplex sein können und in sehr unterschiedlicher Schwere auftreten. Es lohnt sich, einige davon kurz zu skizzieren, um einen Eindruck davon zu geben, wie vielfältig die Probleme sind, die Schlafschwierigkeiten auslösen können.[30]

Psychosoziale Stressfaktoren treten meist kurzfristig auf und umfassen Stresssituationen (zum Beispiel Sorge

um den Arbeitsplatz oder um die Finanzen), umgebungs-
bedingten Stress (etwa Lärm) und einmalige Dinge wie
den Tod eines nahestehenden Menschen. Wie wir gleich
sehen werden, können dabei auch geistliche Faktoren im
Spiel sein.

Auch psychiatrische Erkrankungen beeinträchtigen oft
den Schlaf. Dazu gehören Gemütskrankheiten wie De-
pressionen, bipolare Störung und Dysthymie (eine mil-
dere, aber länger anhaltende Form der Depression).
Angststörungen sind eine weitere naheliegende Ursache
für Schlaflosigkeit. Dazu können Panikanfälle ebenso
gehören wie eine posttraumatische Belastungsstörung.
Noch schwerer wiegen psychotische Krankheitszustände
wie Paranoia, Schizophrenie und Wahnvorstellungen.

Natürlich muss man nicht unbedingt an irgendeiner
dieser Erscheinungen leiden, nur weil man nicht schlafen kann – aber es lohnt sich immer, beim Arzt nach-
zufragen. Die gute Nachricht ist, dass Fachärzte gut darin
geschult sind, all diese Krankheiten zu erkennen und zu
behandeln.

Freilich gelten diese Ratschläge nur innerhalb der
Grenzen der allgemeinen Gnade. Ein Arzt, der nicht mit
dem Eingreifen Gottes rechnet und ihn auch nicht auf
der Agenda hat, wird Ihnen niemals sagen, dass es auch
biblische und geistliche Antworten auf die Schlaflosigkeit geben könnte. Aber die gibt es. Und selbst wenn bei
Ihnen ein medizinischer Befund vorliegt, kann es immer
noch eine Hilfe sein, diese geistlichen Antworten zu ver-

stehen und sich damit zu befassen. Darum wollen wir uns ihnen jetzt zuwenden.

Biblische Ratschläge für einen guten Nachtschlaf

Angesichts der Fülle der biblischen Aussagen über den Schlaf und seine Bedeutung kann es nicht überraschen, dass die Bibel auch einige Gründe nennt, warum wir manchmal nicht schlafen können. Das Folgende ist keineswegs eine vollständige Liste, und – wie ich schon mehrmals betont habe (ich will ganz sichergehen, dass das bei Ihnen ankommt) – es kann auch medizinische (körperliche oder psychische) oder durch unsere Umgebung bedingte Gründe dafür geben, dass wir Mühe damit haben, Schlaf zu finden.

Allerdings glaube ich nicht, dass Schlaf jemals *weniger* ist als ein geistliches Problem. Lassen Sie mich das erklären. Unser Dasein lässt sich nicht so einfach in körperliche und geistliche Elemente unterteilen. Wir sind ganzheitliche Wesen. Auch die simpelsten physischen Beschwerden haben geistliche Elemente und eine geistliche Bedeutung.

Nehmen wir zum Beispiel an, ich habe mir einen komplizierten Armbruch zugezogen. Das ist mir übrigens tatsächlich einmal passiert, nämlich auf dem Weg zum anglikanischen Konfirmandenunterricht. Ich musste den Arm mehrere Monate lang in Gips tragen. Da es ausgerechnet mein rechter Arm war, konnte ich in dieser Zeit nicht schreiben oder Klavier oder Tennis spielen. Ich musste mühsam lernen, mit meiner linken Hand zurechtzukommen.

Nun, das war doch ein rein körperliches Problem, oder etwa nicht? Mein Arm war mehrfach gebrochen, mein Handgelenk war beschädigt, und ich brauchte einfach nur Zeit und gute ärztliche Versorgung, um das zu überwinden.

Stimmt.

Na ja, stimmt fast.

Es gibt keinen Hinweis darauf, dass diese Verletzung irgendeinen tiefen geistlichen Hintergrund hatte. Es könnte natürlich sein, dass Gott mir dadurch zeigen wollte, dass ich Baptist werden sollte und nicht Anglikaner. Aber mehr auch nicht. Ich glaube nicht, dass irgendeine verborgene Sünde der Grund dafür war, dass ich in diesem Moment stolperte und hinfiel.

Aber die Sache ist die: Wie ich auf diese Verletzung reagierte, war sehr wohl eine geistliche Frage. Wie ich mit der Enttäuschung umging, dass meine vielversprechende Tenniskarriere nun ruiniert war (zumindest sehe ich das heute so!); wie ich mit der Sorge fertig wurde, in der Schule zurückzufallen, weil ich nicht schreiben konnte; wie ich meinen Lebensmut und meine Glaubensfreude behielt; wie ich im Gottesdienst mitarbeitete, indem ich mit nur einer Hand Klavier spielte ... die Liste ließe sich endlos fortsetzen.

Es war ein körperliches Problem, das medizinisch behandelt und gelöst werden musste. Aber es wäre naiv zu sagen, dass es nicht auch eine geistliche Lösung dafür gab. Ebenso kann jemand, der an einer Angststörung leidet, von einem Arzt auf diese oder jene Weise behandelt werden. Aber dazu gehört auch, dass man durchdenkt, wie der Patient Informationen verarbeitet. Es gibt immer einen Schatz geistlicher Weisheit, der auf solche Lösungsbemühungen angewendet werden sollte.

Es kann also durchaus medizinische Gründe für Ihre Schlafprobleme geben. Das können zum Beispiel sehr komplexe und schwierige psychische Erkrankungen sein, die eine intensive Behandlung erfordern. Trotzdem wird es darüber hinaus auch geistliche Fragen geben, mit denen Sie sich befassen sollten.

Ich sage nicht, dass bei Ihnen all das zutreffen muss, was ich im Folgenden auflitse. Wenn Ihre Schlafprobleme durch Erkrankungen oder durch Ihre Umgebung bedingt sind, werden Ihnen diese Antworten höchstwahrscheinlich etwas zu einfach erscheinen.

Dennoch möchte ich Sie zum Weiterlesen ermuntern. Das Mindeste ist, dass Ihre Gebete und die der Menschen, die Sie unterstützen, von dem Verständnis getragen sein sollten, dass es letzten Endes unser allmächtiger Gott ist, der seinen Kindern Schlaf schenkt.

Eine meiner Töchter, die selbst Probleme mit dem Schlafen hatte, hat mir einen klugen Rat zu genau diesem Thema gegeben. Sie sagt, selbst dann, wenn man ein Problem hat, das im Grunde nicht geistlich ist, ist es immer eine Hilfe, geistlich darüber zu denken. Christen sollten sich ermutigen lassen durch das, was die Bibel über den Schlaf sagt. Das hilft ihnen, den Schlaf positiv zu sehen und auch dann, wenn sie nur schwer Schlaf finden, zumindest das Beste aus ihren Ruhezeiten zu machen.

Lösung 1: Bitten Sie Gott um Schlaf

Wenn Schlaf eine Gabe ist, dann ist es vielleicht einfach so, dass wir den Geber darum bitten müssen.

Jetzt denken Sie vielleicht, dass ich es mir damit allzu einfach mache. Allerdings sagt die Bibel ganz deutlich, dass wir manchmal Dinge nicht empfangen, weil wir nicht darum bitten. In seinem Brief an die verstreuten Christen in seiner Obhut, die sich immer wieder als Streithähne gebärden, erinnert Jakobus sie, dass sie es vielleicht falsch anfangen.

Wieso gibt es denn bei euch so viel Kämpfe und Streitigkeiten? Kommt nicht alles daher, dass ihr euren Leidenschaften und Trieben nicht widerstehen könnt? Ihr wollt alles haben und werdet nichts bekommen. Ihr seid voller Neid und tödlichem Hass; doch gewinnen werdet ihr dadurch nichts. Eure Streitigkeiten und Kämpfe nützen euch gar nichts. Solange ihr nicht Gott bittet, werdet ihr nichts empfangen. Wenn ihr freilich Gott nur darum bittet, eure selbstsüchtigen Wünsche zu erfüllen, wird er euch nichts geben.

Jakobus 4,1–3; Hfa

Da lag einiges im Argen in den Gemeinden, an die Jakobus seinen Brief richtete! Doch die Prinzipien behalten durch die Jahrhunderte ihre Geltung. Es gibt Streitigkeiten im Gemeindeleben, weil Wünsche in die falsche Richtung gehen. Die Leute bekommen nicht, was sie wollen, sehen aber, dass es anderen besser ergeht. Manche bitten Gott gar nicht. Andere tun das, aber es geht ihnen nur darum, mit denen gleichzuziehen, die mehr haben als sie. Das alles ist ein Rezept fürs Scheitern.

Zwei Dinge können wir daraus lernen. Erstens, dass es richtig ist, den Geber um seine guten Gaben zu bitten. Zu Beginn seines Briefes hat Jakobus Gott genau so beschrieben: «Alle gute Gabe und alle vollkommene Gabe kommt von oben herab, von dem Vater des Lichts, bei dem keine Veränderung ist noch Wechsel des Lichts und der Finsternis» (Jakobus 1,17; Luther). Jakobus versucht, seinen Lesern, die in fürchterlichen Schwierigkeiten sind, Mut zu machen. Diese Versuchungen kommen nicht von Gott. Aber Gott ist auch nicht passiv. Er gibt gute und vollkommene Gaben.

Wenn Schlaf – wie wir gesehen haben – ein Geschenk ist, dann sollten wir uns nicht schämen, darum zu bitten. Unser himmlischer Vater weiß, was wir brauchen, noch ehe wir ihn bitten (Matthäus 6,8), und deshalb sollte es ganz natürlich für uns sein, ihn um Schlaf zu bitten wie um unser tägliches Brot (Matthäus 6,11). Ich finde es seltsam, dass so viele Christen den Schlaf in ihren Gebeten aussparen.

Zweitens könnte es sein, dass unsere Gebete um Schlaf nicht erhört werden, weil wir aus falschen Motiven darum gebetet haben. Müssen wir diese Möglichkeit nicht auch in Betracht ziehen? Jakobus weist ja ausdrücklich darauf hin, dass hinter unseren Gebeten manchmal «selbstsüchtige Wünsche» stehen.

Was könnten das für Wünsche sein? In Jakobus 4 scheinen sie aus neidischer Habsucht herzurühren – dem Begehren dessen, was andere haben. Um ehrlich zu sein, manchmal scheint es so, als sei dieses Gefühl unter Leuten, die keinen Schlaf finden, sehr verbreitet.

Allerdings ist es nützlich, sich genau klarzumachen, was solch neidisches Begehren bedeutet. Begehren heißt in diesem Zusammenhang, etwas für sich selbst haben zu wollen, was von Rechts wegen jemand anderem gehört. Wer das Haus seines Nächsten begehrt, der will dessen Haus für sich selbst haben. Wer die Frau, den Knecht oder den Esel seines Nächsten begehrt (sie alle werden im zehnten Gebot erwähnt), der will sich etwas aus dem Besitz seines Nächsten selbst einverleiben.

So verstanden, glaube ich nicht, dass sehr viele von uns den Schlaf anderer begehren. Ich denke ja nicht insgeheim: «Ich wünschte, ich könnte Bill seinen Schlaf wegnehmen und für mich behalten (so dass er selbst ihn nicht mehr hätte).» Wenn ich Bill anschaue und ihn schlafen sehe und mir sage: «Ich wünschte, ich könnte auch so gut schlafen», dann ist das keine Sünde. Es ist kein Verstoß gegen das zehnte Gebot. Schlaf ist ja eine gute Gabe.

Trotzdem würde ich sagen, dass es möglich ist, aus falschen Motiven um Schlaf zu bitten. Das ist vielleicht nicht so deutlich wahrzunehmen wie das Thema, um das es bei Jakobus geht, aber es ist dennoch eine Versuchung. Schlaf ist eine gute Gabe, und wenn wir den Schöpfer und Geber darum bitten, damit wir ihre Vorzüge genießen können, dann ist daran bestimmt nichts Verkehrtes! Die übermüdete Mutter, die sich nach Schlaf sehnt, damit sie am nächsten Tag wieder gut für ihre Kinder da sein kann, ohne gereizt mit ihnen umzugehen, hat vollkommen recht, wenn sie Gott um Schlaf anfleht! Es ist völlig in Ordnung, so zu beten.

Was also könnten falsche Motive sein? Im Vaterunser lehrt Jesus seine Jünger zu beten: «Unser tägliches Brot gib uns heute» (Matthäus 6,11; Luther). Brot ist etwas ganz Normales, das man jeden Tag braucht. Hinter diesem Gebet steht also der Gedanke, dass wir Gott um das bitten, was wir brauchen, und *nicht um mehr als das.* Wir bitten Gott zum Beispiel nicht um ein tägliches Fünf-Gänge-Menü. Demnach muss es wohl so sein, dass ein Anspruch gegenüber Gott, der über diese Grenzen hinausgeht, eine Bitte aus falschen Motiven wäre.

Mit anderen Worten, alle unsere Bitten an unseren allmächtigen Vater müssen eingebettet sein in das Verständnis, dass er weiß, was wir brauchen, und uns gnädig versorgt.

Und die Gabe sollte mit Dankbarkeit empfangen werden! Im Lukas-Evangelium lesen wir, wie Jesus zehn aus-
sätzige Männer heilt (Lukas 17,11–19). Das Verblüffende
an dieser Geschichte ist, dass nur einer dieser zehn genug Glauben hat (das ist das Wort, das Jesus verwendet),
um zurückzukommen und dem Erlöser dafür zu danken,
was er getan hat. «Weshalb kommt nur einer zurück,
noch dazu ein Fremder, um sich bei Gott zu bedanken?»,
fragt er. Das Leben eines Christen sollte von Dankbarkeit
gekennzeichnet sein.

Damit will ich nicht sagen, dass Gott nach dem Motto
«quid pro quo»[31] vorgeht. Jesus machte die Heilung der
neun, die nicht zurückkamen, deshalb nicht wieder
rückgängig. Dennoch, wenn wir Schlaf als ein Geschenk
unseres Vaters im Himmel auffassen, dann wird unser
Leben von einer freudigen Dankbarkeit gegenüber dem
Geber aller guten Gaben gekennzeichnet sein.

Lösung 2: Es könnte ein Glaubensproblem sein

Lassen Sie mich Ihnen ein extremes Bild vor Augen stellen. Es basiert auf einer wahren Geschichte. Stellen Sie
sich vor, Sie legen sich in Indien im Haus eines Freundes
schlafen. In diesem Haus hat es einmal einen Befall mit

riesigen Kakerlaken gegeben. Sie wissen, dass die Biester durchs offene Fenster hereingekommen waren.

Stellen wir uns aber weiter vor, dass Sie zu den Leuten gehören, die gern bei offenem Fenster schlafen. Also haben Sie ein Problem. Wenn Sie das Fenster nicht mit irgendeiner Art Gitter absichern können, wird ihnen der Gedanke an diese fliegenden Kakerlaken die ganze Nacht über keine Ruhe lassen. Wenn aber ein solches Gitter da ist und Sie sich darauf verlassen, werden Sie viel besser schlafen.

Vielleicht haben Sie der Lebhaftigkeit dieser Illustration entnommen, dass ich sie mir nicht einfach nur ausgedacht habe. Das ist wirklich passiert. Und ja, Sie werden sich freuen zu hören, dass das Gitter seine Aufgabe erfüllte. Es war eine ungezieferfreie Nacht.

Wir haben bereits gesehen, dass Davids guter Schlaf aus seiner Gewissheit herrührte, dass der Herr über ihn wachte. Er fühlte sich sicher vor seinen Feinden (und das waren tatsächlich Menschen und nicht bloß Kakerlaken), und zwar nicht etwa, weil er so eine tolle Armee oder so gute Leibwächter hatte, sondern weil er wusste: «Du allein, Herr, lässt mich sorglos ruhen» (Psalm 4,9; EÜ). Der Herr schlummert und schläft nicht.

Wenn wir eine starke Gewissheit haben, dass die allmächtige Hand Gottes auf uns ruht, dann werden wir besser schlafen. Lassen Sie es mich so ausdrücken: Wenn Sie sich schlafen legen, kann Ihnen nichts passieren, was nicht der Herrscher des Universums in seiner

Allmacht beschlossen hat. Er weiß alles. Er sieht alles. Er plant alles. Er ist derjenige, «der alles wirkt nach dem Ratschluss seines Willens» (Epheser 1,11; Luther).

Das schließt selbst den Tod mit ein. Wenn heute Nacht der Tod Sie ereilt, dann deshalb, weil Gott Ihre Tage gezählt hat und Sie Ihre Zahl erreicht haben. Das gilt, wenn ich das in aller Ehrfurcht sagen darf, sogar auch für Kakerlaken!

Sind wir nicht immer schnell dabei, unseren ängstlichen Kindern diese Wahrheit deutlich zu machen, wenn sie nicht schlafen können? Wir erzählen ihnen leichthin, dass alles in Gottes Hand liegt. Vielleicht jagt irgendein Geräusch, eine Sorge oder ein Schatten ihnen Angst ein. «Aber Gott wacht über dich», sagen wir dann. Vielleicht sprechen wir auch ein bekanntes Kindergebet mit ihnen:

Müde bin ich, geh zur Ruh',
mache beide Äuglein zu.
Vater, lass die Augen dein
über meinem Bettchen sein.

Aber glauben wir auch selbst daran? Oder sind wir eher wie die Jünger im Boot, die der Sturm in helle Panik versetzt? Ich halte nichts davon, dieser Geschichte in erster Linie eine vergeistlichte Bedeutung zu geben. Es geht darin nicht vor allem darum, in allen Unbilden und Wechselfällen des Lebens Ruhe zu bewahren. Aber wenn Jesus tatsächlich derjenige ist, der dem Wind und den Wellen befiehlt, dann folgt daraus gewiss, dass nirgends solche Ruhe zu finden ist wie in seiner Gegenwart.

Wenn mein Schlafmangel mit meinen Ängsten oder Sorgen zu tun hat, dann bin ich mir der allmächtigen Herrschaft Gottes nicht sicher. Letzten Endes ist das wie bei den Jüngern eine Frage des Glaubens. Deshalb weist Jesus seine Anhänger an:

«Darum sage ich euch: Macht euch keine Sorgen um euren Lebensunterhalt, um Essen, Trinken und Kleidung. Leben bedeutet mehr als Essen und Trinken, und der Mensch ist wichtiger als seine Kleidung. Seht euch die Vögel an! Sie säen nichts, sie ernten nichts und sammeln auch keine Vorräte. Euer Vater im Himmel versorgt sie. Meint ihr nicht, dass ihr ihm viel wichtiger seid? Und wenn ihr euch noch so viel sorgt, könnt ihr doch euer Leben um keinen Augenblick verlängern.»

Matthäus 6,25–27; Hfa

Jesus sagt es ganz klar (und der weitere Text schlägt in dieselbe Kerbe): Es ist falsch, sich Sorgen zu machen. Es hat überhaupt keinen praktischen Nutzen – Sie können dadurch Ihr Leben nicht um eine einzige Stunde verlängern.

Außerdem verleugnet die Sorge die allmächtige Versorgung unseres Vaters, der den Vögeln zu essen gibt und auch Ihnen zu essen geben wird. Von daher gesehen ist es nicht nur ein Missbrauch der Schlafenszeit, in der Nacht wach zu liegen und sich Sorgen über den nächsten Tag zu machen. Es ist auch eine ausdrückliche Leugnung der Versorgung Gottes.

Ich sage das so krass, weil uns immer alle möglichen Rechtfertigungen für unsere Sorge einfallen. Um ehrlich zu sein, für mich gibt es viele Dinge, über die ich mir Sorgen machen könnte: die Arbeit, mein Haus, meine Familie, die Finanzen, das Auto (an dem ständig etwas kaputt zu sein scheint) … wie bei den meisten Leuten ist die Liste schier endlos.

Außerdem ist es allzu leicht, sich über diese Dinge aufzuregen. Nachts fällt es schwer, Dinge klar und vernünftig zu sehen. Kleinigkeiten werfen auf einmal riesige Schatten. Oft versteigen wir uns in eine Spekulation nach der andern. Was ist, wenn das Auto kaputt geht? Was ist, wenn es auf dem Weg zu einem wichtigen Termin plötzlich streikt? In solchen irrationalen Gedankengängen verlieren wir uns oft, wenn wir wach liegen und uns mit nichts anderem beschäftigen können.

Das war der Grund für meine schlaflose Nacht vor meinem zweiten Erscheinen vor Gericht. Heute ist mir das klar. Meine Angst und Sorge waren völlig fehl am Platze. Ich machte mir Sorgen, was der Richter wohl zu mir sagen würde; ob er mich gar, wie er gedroht hatte, eines Meineids bezichtigen würde. Und während ich mich im Bett hin und her wälzte, schienen diese Probleme immer bedeutender und ihre möglichen Folgen immer ernster zu werden.

Dabei ist das alles Unsinn. Das war es, was ich mir selbst klarmachen musste. Meine Seele brauchte eine ordentliche Standpauke. Gott ist allmächtig. Jesus sitzt auf dem Thron. Sein Geist lebt in meinem Herzen.

Wenn Sie sich in so einer Situation wiedererkennen, dann kommt es Ihnen vielleicht ein bisschen oberflächlich vor, wenn ich sage, dass Glauben die Antwort ist. Aber das ist die Antwort der Bibel. Der Apostel Petrus macht deutlich, dass die Antwort darin liegt, dass ein Christ mit Gott im Reinen ist und sich ganz auf den Herrn verlässt.

Deshalb beugt euch unter Gottes mächtige Hand. Gott wird euch aufrichten, wenn seine Zeit da ist. Ladet alle eure Sorgen bei Gott ab, denn er sorgt für euch.

1. Petrus 5,6–7; Hfa

Merken Sie, dass hier das Gebot, unsere Sorgen beim Herrn abzuladen, ganz eng mit einer demütigen Haltung vor Gott zusammenhängt? Wir zitieren oft den zweiten Teil dieses Verses und übergehen den wichtigen ersten Teil. Ein Herz, das sich demütig vor Gott beugt und alle seine Sorgen und Nöte bei ihm ablegt, zeugt von einem tiefen Glauben – einem Glauben, mit dem wir gut schlafen können.

Wie kommen wir zu einem solchen Glauben? Ist Glauben etwas, das wir «tun» oder «mehr tun» können? Wohl kaum, er ist ein Geschenk von Gott (Epheser 2,8). Nach meiner Überzeugung liegt – wie unser Vers aus 1. Petrus andeutet – die Antwort auf mangelnden Glauben darin, uns demütig vor dem zu beugen, der unendlich treu ist. Er heißt ja sogar «der Treue und Wahrhaftige» (Offenbarung 19,11). Indem ich über die Treue unseres allmächtigen Gottes meditiere, lenke ich meine Gedanken von mir und meinem fadenscheinigen Glauben auf denjenigen, der immer treu ist in allem, was er tut.

Und für diejenigen, die sich um den Tod sorgen, ist der Schlaf das größte Geschenk. Er erinnert uns daran, dass der Tod nicht das Ende ist und dass wir keine Angst vor ihm zu haben brauchen. Im Vertrauen auf Jesus Christus können Sie ruhig schlafen in dem Wissen, dass, falls jetzt Ihre Zeit gekommen sein sollte, ein großes, herrliches Erwachen auf Sie wartet. Nicht umsonst sagt man über den Tod, dass er «Schlafes großer Bruder» sei!

Lösung 3: Vielleicht müssen Sie Zufriedenheit lernen

In engem Zusammenhang mit dem Thema Vertrauen steht die Frage der Zufriedenheit. Schlaf, oder besser gesagt Schlafmangel, hängt oft eng mit unseren Ängsten zusammen. Das trifft aus medizinischer Sicht (wie wir kurz gesehen haben) ebenso zu wie aus geistlicher (wie wir ebenfalls soeben gesehen haben).

Die Kehrseite des Mangels an Vertrauen ist, dass wir

lernen müssen, als Christen zufrieden zu sein. Eines meiner Lieblingsbücher in meinem Regal ist ein Band mit puritanischen Andachten, die in einer Kirche gleich um die Ecke von meinem Haus gehalten wurden. Diese Andachten wurden frühmorgens vorgetragen, bevor die Leute aus der Gemeinde an ihre Arbeit gingen. Die Versammlung war begierig darauf, ihren Lektor (so sein offizieller Titel) zu hören. Sein Name war Jeremiah Burroughs, und ich kenne das Buch so gut, dass ich mich schon sowohl herausgefordert als auch innerlich erwärmt fühle, wenn mein Blick nur auf den Buchrücken fällt. Das Buch heißt *The Rare Jewel of Christian Contentment* (dt. Das seltene Juwel der christlichen Zufriedenheit), und ich kann es oder einen seiner modernen Nachfolgertitel nur wärmstens empfehlen.[32]

Zufriedenheit ist eine geistliche Tugend, und am treffendsten beschreibt sie der Apostel Paulus: «Ich habe gelernt, in jeder Lebenslage zufrieden zu sein» (Philipper 4,11; NGÜ). Paulus fährt dann fort und schildert, dass diese Lebenslagen auch alle möglichen Extremsituationen beinhalten: «Sich einschränken zu müssen ... Überfluss ... satt zu sein und zu hungern ... Entbehrungen.»

Natürlich ist Zufriedenheit die Folge davon, dass man an die allmächtige Versorgung unseres Vaters, der uns gibt, was wir brauchen, glaubt und darauf vertraut. Doch hier geht es um etwas Spezifischeres als bei meinen vorherigen Ausführungen. Wir machen uns Sorgen um viele Dinge und darum, wie die Umstände sich entwickeln werden. Zufriedenheit aber ist der feste Trost, den Christen in der Gewissheit haben, dass Gott in allen Einzelheiten genau weiß, was wir brauchen.

Ich persönlich weiß nur zu gut, dass das eine geistliche Eigenschaft ist, bei der ich Gott immer wieder darum bitten muss, sie mir zu schenken und in mir wachsen zu lassen. Die Realität ist, dass wir in diesem Bereich wirklich gegen die Welt ankämpfen müssen, die uns ja ständig einzureden versucht, wir hätten von allem zu wenig. Das ist ja schließlich das ganze Ziel der Werbeindustrie.

Zufriedenheit ist somit unsere Waffe gegen das beständige «Mehr-mehr-mehr»-Trommelfeuer der Welt. Und wenn diese Gier nach mehr Sie nachts wach hält, dann ist Zufriedenheit genau das, was Ihnen fehlt.

Einen Hinweis darauf finden wir im Buch des Predigers:

Wer arbeitet, dem ist der Schlaf süß,
er habe wenig oder viel gegessen;
aber die Fülle lässt den Reichen nicht schlafen.
Prediger 5,11; Luther

Salomos Worte lassen sich in zweifacher Weise deuten. Es könnte gemeint sein, dass man nach harter Arbeit gut schläft. Den ganzen Tag lang körperlich zu arbeiten ist ein großartiges Mittel, um im Nu einzuschlafen (und manche Leute sollten diesen Ratschlag einmal beherzigen!).

Doch vom Zusammenhang her ist es wahrscheinlich besser, diese Worte etwas anders zu verstehen. Salomo stellt ja den Arbeiter nicht einem Faulpelz gegenüber, sondern einem Reichen. «Die Fülle lässt den Reichen nicht schlafen.» Mit anderen Worten, er denkt immer an *mehr* – wie er *mehr* verdient, *mehr* Geld scheffelt, *mehr* für sich behält. Gerade zuvor hat Salomo gesagt: «Wer geldgierig ist, bekommt nie genug, und wer den Luxus liebt, hat immer zu wenig» (Vers 9).

Solche Sorgen hat ein Arbeiter, der seinen Lohn am Ende des Tages ausbezahlt bekommt, nicht. Insofern glaube ich, dass es in diesem Vers um Zufriedenheit geht.

Und Zufriedenheit ist unerlässlich, um nachts gut schlafen zu können. Letzten Endes, meint Burroughs, heißt das, dass wir erkennen, dass die Gnadengaben, die wir in Christus haben (womit er unser Heil meint), schwerer wiegen als jedes andere Bedürfnis.

Um das aufs Schlafzimmer zu übertragen: Wenn wir als Christen zu Bett gehen, gehen wir zu Bett als Leute, die alles haben. Die Welt kann uns nichts Zusätzliches geben, um uns auszufüllen oder zu vervollständigen – wir sind schon vollständig. Vielleicht müssen Sie diese Art Zufriedenheit lernen?

Lösung 4: Vielleicht müssen Sie sich
von Götzen trennen

Im vorigen Kapitel haben wir davon gesprochen, dass es möglich ist, den Schlaf so sehr zu lieben, dass er Gott von seinem rechtmäßigen Platz verdrängt. Die meisten Leute dürfte das wohl kaum sehr überraschen. Schließlich begegnet uns diese Versuchung bei allen guten Gaben Gottes. An ihrem rechtmäßigen Platz sind sie Geschenke, die wir genießen und schätzen dürfen, aber wir sind durchaus imstande, die besten Dinge, die Gott uns gibt, über Christus selbst zu stellen. Vielleicht meint Paulus das, wenn er über gewisse Leute sagt: «Ihr Gott ist der Bauch» (Philipper 3,19; Luther).

Der amerikanische Pastor und Bibellehrer Timothy Keller hat sehr erhellend über das Thema Götzendienst geschrieben und gezeigt, wie viel Sünde sich in diese Kategorie einordnen lässt. Meiner Meinung nach ist dies nicht die einzige biblische Kategorie für Sünde (die Bibel spricht ja auch viel von Gesetzesübertretung). Dennoch ist das ein hilfreiches Modell. Welche Dinge sind uns lieber als Christus?

Für manche Leute rangiert die Familie ganz oben. Familien sind natürlich etwas Gutes und Wertvolles, ja Köstliches. Für andere ist es die Arbeit. Auch sie ist etwas Gutes. Für wieder andere sind es Sex oder Geld. Und die Liste lässt sich endlos fortsetzen. Und ich könnte mir vorstellen, dass es für manche Leute auch der Schlaf ist. Das kann besonders dann der Fall sein, wenn Ihnen Schlaf fehlt. Wir machen ja nicht nur Dinge zu Götzen, die wir haben, sondern auch Dinge, die wir *nicht* haben.

Den Schlaf zu vergöttern ist eine Versuchung sowohl für diejenigen, die gut schlafen, als auch für die anderen, bei denen das nicht so ist. «Liebe nicht den Schlaf, sonst bist du bald arm! Steh früh genug auf, damit du immer genug zu essen hast» (Sprüche 20,13; Hfa). In diesem Sprichwort geht es eigentlich darum, dass man hart arbeiten sollte. Wenn Sie den Schlaf so sehr lieben, dass Sie nie aus dem Bett kommen und nie an die Arbeit gehen, dann werden Sie bald arm sein wie eine Kirchenmaus, und auch genauso hungrig.

Aber die Warnung gilt auch allgemein: «Liebe nicht den Schlaf.» Als Christen sollten wir immer wieder unser Herz prüfen, um sicherzugehen, dass wir die gute Gabe nicht über den Geber stellen.

Vielleicht ist das ein Götze, von dem Sie sich trennen müssen?

Lösung 5: Vielleicht haben Sie ein Problem zu lösen

Ich hatte Ihnen ja versprochen, dass wir noch einmal auf Psalm 77 zurückkommen. Jetzt ist es so weit. Psalm 77 ist ein Psalm Asafs, des Leiters der Tempelmusiker unter König David (1. Chronik 16,5). In diesem Lied schildert er, wie er aus der Krise zum tiefen Vertrauen gelangt. Es ist ein schmerzhafter Weg, der mit Worten beginnt, die vielen gläubigen Menschen sehr vertraut vorkommen werden.

Ich rufe zu Gott,
ja, ich schreie immer wieder,
damit er mich endlich hört.
Ich habe große Angst
und sehe keinen Ausweg mehr.
    Unaufhörlich bete ich zu Gott –
sogar in der Nacht strecke ich
meine Hände nach ihm aus.
    Ich bin untröstlich.
Wenn ich an Gott denke,
fange ich an zu seufzen;
grüble ich über meine Lage nach,
so verliere ich allen Mut.
Ich kann nicht schlafen,
weil er mich wach hält;
die Unruhe treibt mich umher,
ich finde keine Worte mehr.
    Ich erinnere mich an frühere Zeiten,
an Jahre, die längst vergangen sind,
als ich beim Spiel auf der Harfe
noch fröhlich sein konnte.
    Jede Nacht grüble ich nach;
das Herz wird mir schwer,
weil meine Gedanken immer

um die gleichen Fragen kreisen:
Hat der Herr uns für alle Zeiten verstoßen?
Wird er nie wieder freundlich zu uns sein?
Ist seine Gnade für immer zu Ende?
Gelten seine Zusagen nicht mehr?
Hat Gott vergessen, uns gnädig zu sein?
Warum verschließt er uns im Zorn sein Herz?

Psalm 77,2–10; Hfa

Was genau das für eine Krise war, ist nicht einfach zu beantworten: Manche Kommentatoren sehen darin ein schlichtes Glaubensproblem – zu Anfang steckt Asaf im Zweifel fest, aber dann dringt er wieder zum Vertrauen durch. Andere sehen in diesen ersten Versen ein von Gott auferlegtes Empfinden der Last hinsichtlich der Zustände im Volk. So oder so werden sich Leute, die Mühe mit dem Schlafen haben, in Asafs Worten wiederfinden.

Und so oder so ist das Schockierende an diesem Psalm, dass es Gott selbst ist, der Geber des Schlafes, der Asaf wach hält. Seine Augen werden daran gehindert, sich zu schließen. Um eine lange Geschichte abzukürzen: Das Problem wird gelöst. Letzten Endes ist es Asafs Nachdenken über den Auszug aus Ägypten – *dem* Heilsereignis des Alten Testaments schlechthin –, das seine Glaubenssicht wiederherstellt.

Und egal, ob Ihrer Meinung nach hier Asaf persönlich mit seinen Zweifeln ringt oder ihm ein göttliches Anliegen für die Zustände im Volk Gottes auferlegt wird – das

Heilmittel ist in beiden Fällen dasselbe. Gott, der gute Geber des Schlafs, hält Asaf wach, damit dieser im Einklang mit der göttlichen Melodie schwingt.

Das ist eine bemerkenswerte Erkenntnis. Sie bedeutet ganz einfach, dass wir manchmal, wenn wir keinen Schlaf finden, die Frage nach dem «Warum?» stellen müssen. Unser Schlafmangel – so schmerzlich er ist (und Asafs Schilderung hört sich ausgesprochen schmerzhaft an) – ist vielleicht ein göttlicher Auftrag, etwas in Ordnung zu bringen.

Unser allmächtiger Gott macht eventuell Gebrauch von unserer Ruhelosigkeit, um uns eine Wahrheit zu lehren, uns eine Bürde aufzuerlegen oder – und das ist vielleicht der unbehaglichste Gedanke – uns mit einer Sünde zu konfrontieren. Nichts davon sollten wir von vornherein ausschließen.

Ich behaupte nicht, dass auf jeden Fall ein solcher Grund dahinterstecken muss, dass Sie nicht schlafen können! Aber aus biblischer Sicht müssen wir sagen, dass es durchaus mit solchen Dingen zu tun haben *kann*. Was lehrt Gott Sie in den schlaflosen Stunden?

Vielleicht findet sich ein Hinweis darauf in Davids Zeugnispsalm, dem sechsten Psalm.

Wende dich mir wieder zu! Hilf mir!
Du bist doch ein barmherziger Gott.
Sei mir gnädig und rette mich!
Wenn ich tot bin, kann ich dir nicht mehr danken.
Wie soll ich dich denn im Totenreich loben?

Ach, ich bin müde vom Stöhnen.
Nachts weine ich wie ein Kind,
bis die Kissen durchnässt
und meine Augen ganz verquollen sind.
Daran sind nur meine Feinde schuld,
sie haben mich in die Enge getrieben.
Niederträchtig und gemein seid ihr!
Verschwindet,
denn der Herr hat meine Tränen gesehen!
Er hat mein Schreien gehört
und mein Gebet angenommen.
Meine Feinde ziehen den Kürzeren
und geben auf. Schämen müssen sie sich!

Psalm 6,5–11; Hfa

Einfach gesagt, wird David von seinen Auseinanderset-
zungen mit seinen Feinden wach gehalten. Er muss lernen, dass der Gott des Bundes seinen Bundeskönig beschützt. Das Gebet des Königs wird erhört, weil der Herr
seinem Bund die Treue hält. Das ist es, was David
schließlich erkennt – aber er braucht eine schlaflose
Nacht, um dahin zu kommen.

Mag sein, dass wir uns manchmal zu lange mit dieser
Lösung beschäftigen. Andererseits kann es auch eine
sein, die Christen nur sehr ungern in Betracht ziehen.
Möglicherweise ist Ihre Schlaflosigkeit ein Zeichen dafür, dass der bundestreue und rettende Herr aller Dinge
etwas mit Ihnen vorhat.

Ein wunderbares Beispiel dafür finden wir in dem biblischen Buch, das die großartige Geschichte der Königin Esther erzählt. Sie ist voller Tempo und Spannung, und die entscheidende Wende darin kommt dadurch, dass der König nicht schlafen kann. «In der folgenden Nacht konnte der König nicht schlafen. Er ließ sich die Chronik des persischen Reiches bringen, in der alle wichtigen Ereignisse seiner Regierungszeit festgehalten waren. Man las dem König daraus vor» (Esther 6,1; Hfa).

Diese eine Nacht führt dazu, dass Mordechai zu Ehren kommt und sein Feind Haman schließlich stürzt. Und alles beginnt mit einer ruhelosen Nacht.

Ich glaube, es ist gut, bei Schlaflosigkeit immer daran zu denken, was Gott gerade tut. Er ist Herr über all unser Kommen und Gehen, Schlafen und Wachen. Wenn wir also ignorieren, was er uns durch unsere Schlaflosigkeit vielleicht zeigen möchte, ist das mehr als nur nachlässig. Es ist eine Verleugnung seiner universalen Herrschaft.

Es gibt mit anderen Worten noch eine andere Art von Zufriedenheit, die wir lernen müssen. Wenn nämlich Gott uns in seiner Vorsehung kein Auge zutun lässt, dann müssen wir sagen können, dass er weiß, was er tut. Wir müssen ehrlich ausrufen können: «Was willst du mich lehren, Herr?» Das ist ebenso eine Form von Zufriedenheit wie die Fähigkeit, ohne Sorge um die Plagen des Tages zu Bett zu gehen.

So ist also Schlaf ein Bestandteil unserer Beschaffenheit als Menschen, eine gute Gabe von Gott, die wir schätzen und genießen dürfen; das irdische Bild einer geistlichen Wirklichkeit. Schlaflosigkeit ist lästig, aber man kann etwas dagegen tun, und manchmal ist sie sogar notwendig zu unserer Heiligung. Geistliche Probleme brauchen geistliche Antworten, und ich kann Ihnen nur empfehlen, über diese Lösungsmöglichkeiten nachzudenken.

Ein Wort an junge Eltern

Meine Frau und ich haben selbst drei Kinder sowie zwanzig Nichten und Neffen. Meine Frau war dreizehn, als ihre erste Nichte geboren wurde. Die jüngste kam letzte Woche zur Welt. Es kommt mir vor, als wären wir die meiste Zeit unserer Beziehung und Ehe von neugeborenen Kindern umgeben gewesen. Wir haben also selbst unsere Erfahrung mit dem Schlafentzug gemacht, der mit einem Baby im Haus einkehrt.

In Wirklichkeit schlafen alle Babys sehr viel. Auch wenn es uns nicht immer so vorkommt. Freilich schlafen manche besser als andere. Und der Schlafrhythmus von Babys passt mal besser, mal schlechter zu unserem eigenen.

Für manche jungen Eltern – und besonders für manche jungen Mütter, wenn ich das sagen darf – bringt der Schlafmangel, der mit einem kleinen Baby verbunden ist, einen enormen Druck mit sich. Das Baby kann während des Nachmittagsspaziergangs eindösen. Für die Mutter ist das nicht so einfach, besonders wenn noch andere Kinder da sind, die sie irgendwo abholen oder um die sie sich kümmern muss.

Welche Antwort gibt es auf dieses spezielle Problem? Und wirft die Bibel Licht darauf? Die Antwort ist Nein. Und Ja.

Die Bibel sagt nicht unmittelbar etwas über den Schlaf im Zusammenhang mit Babys und ihren Eltern, abgesehen von dem, was wir bereits gesehen haben. Sie sagt aber durchaus einiges über die Umgebung, in der Kinder aufwachsen. Im Neuen Testament hat diese Umgebung einen Namen, nämlich Gemeinde. Das ist bedeutsamer, als Sie vielleicht denken.

Wenn eine junge Mutter nicht ausreichend Schlaf bekommt, weil das Baby ständig wach zu sein scheint, dann sollte Hilfe zur Stelle sein, und zwar sowohl vom Vater als auch von der Gemeindefamilie. Zum Leben in einer Gemeinde gehört die Verantwortung, uns umeinander zu kümmern. Solche gegenseitige Anteilnahme ist biblisch und schließt sicherlich auch ein, dass man sich um diejenigen kümmert, die zu wenig Schlaf bekommen. Vielleicht kann ja jemand die anderen Kinder von der Schule abholen, damit Mama ein Mittagsschläfchen machen kann? Oder vielleicht kann jemand einmal abends mit der Milchflasche für ein Ehepaar einspringen und den kleinen Timmy füttern.

Und bitte vergessen Sie nicht: Das alles sind Lebensphasen. Die Elternzeiten kommen und gehen verblüffend schnell. Ich kann kaum fassen, dass unsere älteste Tochter schon fast zwanzig ist. Ich weiß noch heute, wie der Storch sie bei uns abgegeben hat!

Sicherlich werden Eltern immer wieder einmal vom Schlafen abgehalten. Wenn Kinder nachts aufwachen, brauchen sie oft Trost von Mama oder Papa. Es gelingt ihnen nicht immer, sich zu sagen: «Da war gar nichts», und wieder einzuschlafen. Das gehört zu den Aufgaben der Eltern. Es sind echte Probleme, und sie sind schmerzlich für die, die damit zu kämpfen haben.

Neben den obigen praktischen Ratschlägen stehen viele gute Einsichten und Hilfen von medizinischen Fachleuten zur Verfügung für diejenigen, die in solchen Situationen sind. Doch diese Wirklichkeit sollte uns nicht von den biblischen Schätzen ablenken, die wir in diesem kleinen Buch ausgegraben haben.

Ein Wort an schläfrige Gottesdienstbesucher

Die vielleicht bekannteste biblische Geschichte über Schlaf steht in der Apostelgeschichte. Paulus befindet sich in Troas, wo er im Zuge einer längeren Reise kurz haltmacht. Natürlich sind die Christen dort begierig, ihn zu treffen.

Am Sonntagabend kamen wir zusammen, um das
Abendmahl zu feiern, und Paulus predigte. Weil er
schon am nächsten Tag weiterreisen wollte, nahm er
sich viel Zeit und sprach bis Mitternacht. Der Raum
im Obergeschoss, in dem wir uns befanden, war
durch viele Öllampen erhellt. Ein junger Mann – er
hieß Eutychus – saß auf der Fensterbank. Während
der langen Predigt des Paulus wurde er vom Schlaf
überwältigt. Dabei verlor er das Gleichgewicht und
fiel durch das offene Fenster drei Stockwerke tief.
Als die Männer ihn aufhoben, war er tot. Paulus lief
hinunter, beugte sich über den Toten und nahm ihn
in seine Arme. Dann sagte er zu den Leuten: «Seid
ruhig! Er lebt.» Paulus ging wieder hinauf; er brach
das Brot, und sie feierten gemeinsam das Abendmahl. Er sprach noch lange mit ihnen, bevor er sie
dann bei Tagesanbruch verließ. Eutychus brachten
sie unversehrt nach Hause, und alle waren glücklich
darüber, dass er wieder am Leben war.

Apostelgeschichte 20,7–12; Hfa

Ist das nicht eine großartige Geschichte? Sie bringt Hoffnung für alle, die im Gottesdienst einschlafen, wenn ich
Sie auch (falls Sie öfter in dieser Versuchung sind) vor
offenen Fenstern warnen muss. Die Kommentatoren
sind sich manchmal nicht ganz einig darüber, warum
der junge Eutychus eigentlich einschlief. Langweilte er
sich vielleicht? Schließlich war es eine ausgesprochen

lange Predigt. Oder gaben vielleicht die vielen Lampen Dämpfe ab, die ihn schläfrig machten? Schon möglich – dass dieses Detail im Text erwähnt wird, wäre merkwürdig, wenn es nicht eine Bedeutung hätte.

Doch rein sachlich können wir das sagen, was der Text sagt, nämlich dass er einschlief, aus dem Fenster fiel und tot war. Doch zum Glück war das noch nicht sein letzter Schlaf. Paulus erweckte ihn vom Tod, und es ist sicher eine gewisse Untertreibung, wenn es heißt: «Alle waren glücklich darüber.»

Eines bleibt dazu zu sagen. So herrlich dieser Abschnitt ist, er entschuldigt nicht das Einschlafen im Gottesdienst. Ich bin Prediger. Ich rechne es mir als großes Vorrecht zu, dass ich während der Woche studieren und beten kann und Sonntag für Sonntag Gottes Kindern sein Wort weitergeben darf. Und darum macht es mich traurig, manchmal Leute dabei schlafen zu sehen. Apostelgeschichte 20 wurde nicht in die Bibel aufgenommen, um uns einen Freibrief für so fahrlässiges Verhalten auszustellen.

Und fahrlässig ist es meiner Meinung nach. Als Christen (und ich bin ja selbst auch Gottesdienstbesucher) sollten wir alles tun, was nötig ist, um uns darauf vorzubereiten, Jesus Christus in seinem Wort zu begegnen. Es kann viele Gründe dafür geben, dass wir eindösen – vielleicht eine Krankheit? Aber wenn es nur Müdigkeit ist, dann erscheint mir das wenig lobenswert. Früher ins Bett gehen – das würde der geistliche Doktor dagegen verschreiben.

Aber lassen Sie den Mut nicht sinken. Solches Fehl-
verhalten kann vergeben werden. So, wie Eutychus vom
Tod erweckt wurde, können auch wir Vergebung finden,
wenn wir damit hartnäckige, ständige Probleme haben!
Aber ein Problem ist es, und es muss gelöst werden.

Schläfrig geworden?

Es war nie meine Absicht, Sie mit diesem Buch ein-
zuschläfern. Doch ich wollte Ihnen zeigen, was die Bibel
über den Schlaf sagt, und insofern hoffe ich, dass ich Ihnen auf irgendeine Weise das Schlafen erleichtern kann.

Letzten Endes jedoch ist es – wie wir gesehen haben –
Gott selbst, der guten Schlaf schenkt. Schlaf ist seine
gute Gabe und gehört zu unserer Beschaffenheit als Menschen. Er ist ein Geschenk, das wir schätzen und genießen dürfen. Ich hoffe, Sie sind ein bisschen dankbarer
geworden für den Schlaf, der Ihnen vergönnt ist. Ich bin
sicher, Sie werden das Gott auch sagen, wenn Sie morgens aufwachen. Ich jedenfalls habe mir das angewöhnt.

Vor allem jedoch hoffe ich, Sie haben gelernt, sich auf
den Tag zu freuen, wenn die alte Ordnung der Dinge ver-
gehen und unser Schlaf uns nicht nur auf den nächsten
Tag vorbereiten wird, sondern auf die Ewigkeit. Eines Tages wird uns Schlaf überkommen, und wir werden erwachen, um für immer in der Gegenwart unseres herrlichen
Erlösers zu sein.

Vielleicht ist das folgende alte puritanische Gebet Ihnen
dabei eine Hilfe. Es stammt aus *The Valley of Vision*, einem
wunderbaren Büchlein mit alten Gebeten. Ich gebe es hier
mit freundlicher Genehmigung des Verlags wieder.[33]

SCHLAF

Heiliger Schöpfer,
du hast deinen Geliebten Schlaf verheißen;
gib mir erfrischende Ruhe,
die ich für die Mühen des morgigen Tages brauche.
Wenn Träume mich heimsuchen,
lass sie nicht vom Bösen gefärbt sein.
Dein Geist mache meine Ruhezeit zu einem
seligen Tempel deiner heiligen Gegenwart.

Mein häufiges Niederlegen
mache mich mit dem Tod vertraut,
und das Bett, dem ich mich nahe,
lasse mich des Grabes gedenken.
Mögen die Augen, die ich nun schließe,
mir ein Bild für ihr letztes Schließen sein.
Lass mich stets bereit sein und erwarten,
in deine Gegenwart vorgelassen zu werden.
Schwäche meine Anhänglichkeit an irdische Dinge.
Möge ich das Leben mit leichter Hand halten
und wissen, dass ich es unter der Bedingung empfing,
es wieder hinzugeben.

Wenn Schmerz und Leid
das Schwinden der Gesundheit ankündigen,
möge ich nicht zurückweichen vor einem Tod,
der mich in die Frische ewiger Jugend führt.

Ich lege mich in dieser Nacht nieder in der
vollen Gewissheit, eines Tages bei dir aufzuwachen.

Gerühmt seist du für diese kostbare Hoffnung,
für das Evangelium der Gnade,
für das unaussprechliche Geschenk,
das du uns in Jesus gemacht hast,
für die Gemeinschaft der Dreieinigkeit.

Halte deine Gnade nicht zurück in der Nacht;
deine Hand wird nicht müde,
deine Kraft braucht keine Ruhe,
dein Auge schläft nie.
Hilf mir, wenn ich hilflos liege,
wenn mein Gewissen mich der Sünde anklagt,
wenn böse Vorahnungen meine Gedanken plagen,
wenn meine Augen von meinen Ängsten
offen gehalten werden.

Zeig dich mir als der Gott aller Gnade,
aller Liebe und Kraft.
Du hast Balsam für jede Wunde,
einen Trost für alle Qualen,
ein Heilmittel gegen jeden Schmerz,
einen Frieden für alle Ruhelosigkeit.

Erlaube mir, mich dir anzubefehlen,
ob ich wache oder schlafe.

Ich weiß noch, wie ich als Kind gerne die Fernsehserie «Das Zauberkarussell» anschaute. Dort endete jede Episode auf die gleiche Weise, nämlich damit, dass Zebulon alle anderen Figuren zur Ordnung rief. «Zeit fürs Bett!», sagte er dann.

Und wenn es so weit ist, mögen auch Sie wahrhaft süß schlafen.

Anmerkungen

[1] Zu finden unter http://www.sovereigngracestore.com, Suchwort «sleep».

[2] Forster, E.M.: *Aspects of the Novel*, Penguin: London 2005.

[3] Eine vollständige Auflistung der Ergebnisse siehe www.howdidyousleep.org.

[4] Dies ist die Definition, die bei der britischen privaten Krankenversicherung Bupa angewendet wird.

[5] Siehe www.sleepcottage.com.

[6] Russell, Bertrand: *The Conquest of Happiness*, Routledge: London 2006.

[7] www.bbc.co.uk/science/humanbody/sleep.

[8] King, Florence, in: «The Spectator», 25. Januar 2014, London, Seite 20.

[9] BMJ 2000;320:1245.2, zitiert in «The Times», 10. Dezember 2013, London, Seite 52.

[10] Elmhirst, Sophie, in: «New Statesman», 27. Februar 2012, Zugriff online.

[11] Aus Woolfs Essay «Montaigne».

[12] Lockley, Steven, und Russell Foster: *Sleep: a very short introduction*, OUP: Oxford 2012.

[13] Lewis, Penelope: *The Secret World of Sleep*, Palgrave Macmillan: New York 2013.

[14] Bericht auf www.sciencedaily.com über eine Studie, die in der US-Zeitschrift «Cancer» vom 11. Februar 2011 (Online-Ausgabe) vorgestellt wurde.

[15] Bericht auf www.naturalnews.com über eine Studie, die im «British Journal of Cancer» vom 23. September 2008 (Online-Ausgabe) vorgestellt wurde.

[16] www.howdidyousleep.org.

[17] Wiedergegeben in Young, David: *Great Funny Quotes,* Wind Runner Press: Round Rock, Texas, USA, 2011.

[18] Übersetzt aus dem *Poem Book of the Gael* von Mary E. Byrne, ausgewählt und herausgegeben von Eleanor Hull (1860–1935). Diese deutsche Version stammt von Wolfgang Müller (1992).

[19] Nach der Bibelübertragung *The Message.*

[20] Dies ist Albert Knapps deutsche Fassung eines französischen Chorals aus dem 19. Jahrhundert von H.A. César Malan. Der vollständige Text ist zu finden unter www.lutheran-hymnal.com/german/tlh602g.htm.

[21] Ein Choral der englischen Choraldichterin Margaret MacKay. Er wurde erstmals 1832 in *The Christian's Annual* veröffentlicht und ist in vielen englischen Gesangbüchern der viktorianischen Zeit zu finden.

[22] Diese Tipps sind alle aus www.signaturemd.com entnommen, der Website eines amerikanischen Hausarzt-Services, also einer kostenpflichtigen Dienstleistung. Doch deren Ratschläge zum Thema Schlaf sind bewährt und finden sich auch anderswo.

[23] Dr. Seuss: *Sleep Book,* HarperCollins: London, 2003.

[24] Laut einer Studie der National Sleep Foundation, *The 2011 Sleep in America Poll.*

[25] Hillstrom, E.L., in Benner, D. G., und Hill, P.C. (Hrsg.): *Baker Encyclopedia of Psychology and Counseling,* Baker Books: Grand Rapids, USA, 1999.

[26] Ihr Interview bei NBC News vom 13. Februar 2006 ist online zu sehen.

[27] www.onmeda.de/schlafen.

[28] www.stern.de/gesundheit/schlaf/.

[29] Ich danke der Allgemeinärztin Dr. Rebecca Scott für ihre Hilfe bei der Zusammenstellung dieses kurzen Abschnitts.

[30] Website NHS Choices, www.nhs.uk;.

[31] Diese Informationen stammen aus dem «Clinical Knowledge Summary: Insomnia» des NICE (National Institute for Health and Care Excellence), http://cks.nice.org.uk/insomnia#!topicsummary, Zugriff am 31. Dezember 2013; nur von GB aus erreichbar.

[32] Auf Gegenleistung beruhende Vereinbarung.

[33] Burroughs, Jeremiah: *The Rare Jewel of Christian Contentment,* The Banner of Truth Trust: Edinburgh, 1964. Eine gute moderne Variante, die sich darauf und auf das Werk von Thomas Boston bezieht, ist: Barcley, William: *The Secret of Contentment,* P&R Books: Phillipsburg, USA, 2010.

[34] Bennett, Arthur (Hrsg.): *The Valley of Vision,* The Banner of Truth Trust Edinburgh, 1975, Seite 298. Abdruck mit freundlicher Genehmigung des Verlags.

Über den Autor

Adrian Reynolds ist Geschäftsführer des «Proclamation Trust» (www.proctrust.org.uk) und Nebenpastor in der East London Tabernacle Baptist Church in London.